La Retouche Du Cliché: Retouches Chimiques, Physiques & Artistiques

A Courrèges

A mon Fils FRANTZ

LA RETOUCHE

DU CLICHÉ

———

RETOUCHES CHIMIQUES, PHYSIQUES & ARTISTIQUES

DU MÊME AUTEUR :

Ce qu'il faut savoir pour réussir en Photographie. —
2e Édition, revue et augmentée. In-18 jésus, avec une
planche photocollographique, 1896.

Impression des épreuves sur papiers divers. — Par
noircissement et virage. Par impression latente et développement. In-18 jésus, avec figures, 1898.

En préparation, faisant suite :

**Reproductions. Agrandissements. Positifs par transpa-
rence. Stéréoscopie. Projection.** — In-18 jésus, avec
figures, 1898.

Procédés au Bichromate. — Épreuves au charbon. Phototypie. Contretypes. Positifs par transparence. Céramotypie.
Photominiature. Émaux. Épreuves à la Poudre de bronze,
à la Gélatine bichromatée. Papier charbon velours Artigue.
In-18 jésus, avec figures, 1898.

Sous Presse :

Le Portrait en plein air. — L'Expression dans le Portrait.
In-18 jésus, avec figures et 1 illustration en photocollographie.

BIBLIOTHÈQUE PHOTOGRAPHIQUE

LA RETOUCHE

DU CLICHÉ

RETOUCHES CHIMIQUES, PHYSIQUES & ARTISTIQUES

Par A. COURRÈGES, Praticien

Rédacteur et correspondant de plusieurs journaux photographiques

PARIS

GAUTHIER-VILLARS ET FILS, IMPRIMEURS-LIBRAIRES

ÉDITEURS DE LA BIBLIOTHÈQUE PHOTOGRAPHIQUE

Quai des Grands-Augustins, 55

1898

AVANT-PROPOS

Dans notre contact journalier avec les amateurs photographes, nous avons constaté que beaucoup d'entre eux, dès qu'ils avaient acquis les premiers principes, ne faisaient que très peu d'efforts pour sortir du cercle étroit de la production du cliché, immédiatement suivie de son tirage sur papier au citrate.

Ma foi ! si toutes les opérations sont bien conduites et les résultats heureux, nous ne pouvons que les en féliciter; mais, faut-il en rester là, n'y a-t-il pas mieux à faire?

La photographie offre un champ bien plus vaste à parcourir, dans lequel ceux qui veulent sortir de la banalité trouveront certainement de nouvelles sources de distraction et d'agrément.

1.

C'est donc pour aider à la diffusion de nombreux procédés photographiques, négligés par beaucoup d'amateurs, que nous venons à notre tour publier une *suite d'ouvrages* traitant à peu près tous les systèmes intéressants qui peuvent être appliqués aussi bien par les amateurs que par les professionnels.

Dans cette tâche, nous nous efforcerons d'être aussi concis que possible, afin d'éviter que nos lecteurs aient la crainte, souvent mal fondée, de se trouver en présence de difficultés insurmontables qu'ils pourraient croire au-dessus de leurs aptitudes, ou qui réclameraient plus de temps que celui dont ils pourraient disposer. Nous ferons du reste pour eux, ce que nous faisons pour nous-même lorsque nous avons à essayer un procédé quelconque, que nous n'avons pas encore pratiqué.

Tout d'abord, nous lisons avec la plus grande attention, et plusieurs fois de suite, l'ouvrage qui doit nous servir de guide, et quand nous nous en sommes bien pénétré, quand nous avons reconnu les principes fondamentaux du système, nous en faisons, *par écrit*, un résumé aussi succinct que possible. Par ce moyen, nous avons facilement sous les yeux, c'est-à-dire sans être dans l'obligation de faire de longues recherches, les grandes lignes du procédé, et ce n'est que lorsque nous sommes embarrassé, ou que nous ne réussissons pas, que nous avons recours à l'ouvrage d'origine.

Eh bien! dans ce que nous dirons, nous tâcherons de donner avant tout des conseils pratiques que nous puiserons surtout dans notre expérience et dans nos remarques personnelles, soulignant avec soin des *petits riens* qui, à première vue, semblent sans importance, et que, par suite des tâtonnements que leur ignorance nous ont suscités, nous jugeons être des facteurs qu'on ne saurait négliger.

En théorie tout est simple et facile, mais dès qu'on entre dans la pratique, on se heurte à des obstacles qui semblent devoir nous barrer la route à tout jamais, mais dès qu'ils sont franchis, on est tout surpris d'avoir été si longtemps arrêté par de si *petites choses*.

Dans notre manuel « Ce qu'il faut savoir pour
réussir en Photographie » (1) nous nous sommes
efforcé de mettre l'amateur débutant à même
de produire de bons clichés ; c'est une sorte de
grammaire dans laquelle sont décrits et analysés
les premiers principes de la photographie, principes dont chaque amateur a besoin pour traduire ses impressions. Que ces impressions
soient ou non artistiques il faut connaître à
fond les divers procédés matériels, il faut
posséder *la langue* dont on devra se servir pour
exprimer les sentiments éprouvés.

Ce manuel, destiné surtout aux débutants,
constitue ce que nous appellerons « l'enseignement primaire » de la photographie.

Beaucoup s'en contentent et ne tentent pas
d'aller plus loin, mais ceux qui veulent entrer
plus avant dans la voie trouveront dans ce
volume et dans ceux qui vont suivre, d'utiles
renseignements, que nous considérons comme

Chez Gauthier-Villars, 55, quai des Grands-Augustins.
Paris, 2e édition, 1896. 2 fr. 50.

les éléments indispensables d'un « enseignement secondaire ».

Le cliché photographique étant le point de
départ de tous les procédés que nous décrirons,
on comprendra que les résultats plus ou moins
heureux que l'on pourra obtenir, seront en
raison de sa valeur.

Notre premier devoir est donc d'étudier le
cliché dans sa façon d'être et de tout tenter
pour l'améliorer. C'est pour atteindre ce but que
nous publions ce volume traitant des retouches
chimiques, physiques et artistiques qu'on peut
faire subir aux clichés ; viendront ensuite d'autres ouvrages, dans lesquels nous traiterons à
peu près de tous les procédés photographiques.

LA RETOUCHE

DU CLICHE

RETOUCHES CHIMIQUES, PHYSIQUES & ARTISTIQUES

La plaque sensible a été exposée dans la chambre noire à l'impression lumineuse; l'image latente a été développée à l'aide d'un révélateur quelconque; le bromure d'argent non utilisé a été détruit sous l'action de l'hyposulfite, qui a été expulsé à son tour par des lavages répétés. Quand cette plaque est sèche, on est en présence d'un cliché.

C'est le moment où chaque opérateur doit faire appel à toute son expérience, à toute sa sagacité. C'est le moment de « lire le cliché », de juger de sa valeur, de ses qualités, de ses défauts, afin d'essayer, par tous les moyens, d'en tirer le meilleur parti possible.

Il est bien rare que le cliché, quel qu'il soit, n'ait pas besoin d'être *retouché*.

On est convenu d'appeler « retouche » le répiquage des points transparents et des accidents matériels qui déparent souvent les clichés. Dans le portrait comme dans le paysage, c'est aussi l'atténuation des effets défectueux et de toutes choses qui peuvent déplaire ou amoindrir la valeur ou l'effet de l'épreuve définitive.

Nous, nous étendrons le sens de cette expression à toute modification ultérieure du cliché et nous classerons « la retouche » en trois catégories bien distinctes, bien indépendantes : *La retouche chimique, la retouche physique* et enfin *la retouche artistique.*

RETOUCHES CHIMIQUES

Le développement du cliché est, de toutes les opérations que subit la plaque sensible, la plus délicate, la plus difficile, celle qui réclame le plus d'expérience, le plus de raisonnement ;

aussi, est-il bien rare que le cliché soit parfait
du premier jet, qu'il ne péche pas par quelques fautes commises au développement; et
ceci n'est pas étonnant, on y voit si mal dans
les laboraloires, et les plaques sont d'une telle
sensibilité, qu'il est presque impossible d'exa-
miner le cliché avec toute l'attention qui serait
nécessaire, sans trembler et sans courir le risque
de le voiler par un séjour trop prolongé devant
le verre rouge.

Les opérateurs les plus habiles commettent
chaque jour des erreurs plus ou moins graves;
il est bien rare qu'ils ne se disent pas, en exami-
nant leur œuvre après fixage : c'est dommage
que je n'aie pas développé un peu plus ou un
peu moins; j'aurais bien fait d'ajouter un peu
plus de bromure ou moins de ceci ou de cela.

Quand on est soucieux de produire des choses
aussi parfaites que possible, on ne doit reculer
devant aucun travail, aucun effort pour y par-
venir.

L'un des moyens qui permettent de modifier
avantageusement beaucoup de clichés dont le
développement n'a pas été effectué dans les
conditions voulues est la « Retouche chimique »;

2

c'est par elle que l'on obtient la modification des
relations que présentent les clichés, en les
réduisant s'ils sont trop intenses, en les renforçant s'ils sont trop légers.

Ces opérations ne présentent aucunes difficultés, mais encore faut-il appliquer ces *remèdes*
à bon escient et aussi sans dépasser le but.

Renforcement

Nous sommes en présence d'un cliché qui a
bien tous les détails du sujet dans toutes ses
parties, aussi bien dans les lumières que dans
les ombres ; mais comme au moment du développement on y voyait mal, on a cru que le
cliché avait bien toutes les oppositions voulues.
Or, au sortir de l'hyposulfite, quand on a pu
porter le cliché en pleine lumière, on s'est
aperçu que l'ensemble était léger, que les parties les plus vivement éclairées ne présentaient
pas assez d'opacité pour réserver sur le papier
les blancs indispensables. Si l'on a imprimé
une épreuve on a constaté que les lumières
étaient grises et que les parties ombrées
n'étaient pas assez noires.

Le développement n'a pas été poussé assez loin, c'est-à-dire que lorsque les détails dans les ombres sont apparus, au lieu de laisser la plaque dans le bain jusqu'à ce que les lumières aient pris l'intensité, l'opacité nécessaires, on l'a retirée pour la fixer.

La faute a été commise, le seul moyen de la réparer est de faire subir à ce cliché un léger renforcement. Plusieurs moyens, plusieurs formules ont été préconisés pour atteindre ce but; pour nous, le plus pratique, le plus sûr est le renforcement à l'aide du bi-chlorure de mercure.

Pour que ce traitement réussisse et que le cliché n'ait pas par la suite à subir de détériorations graves qui pourraient aller jusqu'à sa perte, il est indispensable que l'on sache bien et que l'on observe toutes les précautions qui s'imposent :

La première est le fixage complet dans un bain d'hyposulfite qui n'aie pas trop servi, et la seconde de nombreux lavages destinés à l'élimination de toute trace de fixateur.

Lorsque ces deux opérations auront été faites avec tous les soins voulus, il est bon de passer, avant le dernier lavage, un flocon de coton à la surface du cliché, afin de bien débarrasser la gélatine de tout dépôt qui pourrait s'y être attaché. Après cela on le laissera sécher spontanément à l'air libre.

Toutes ces précautions étant prises, on pourra procéder au renforcement sans avoir à redouter, par la suite, des manifestations pouvant nuire à la valeur du cliché et à sa conservation.

Dans ce but on fera les solutions suivantes :

Eau........................	500 grammes.
Sel fin.....................	3 —
Bi-chlorure de mercure.......	5 —

On triturera les deux sels réunis dans un mortier puis on ajoutera l'eau, par petites fractions, en triturant toujours.

Le bi-chlorure de mercure est presque insoluble dans l'eau, mais une addition de chlorure de sodium ou bien d'alcool en facilite la dissolution; mais on n'a pas toujours de l'alcool sous la main, c'est pourquoi nous avons indiqué le vulgaire sel de cuisine, qui se trouve partout, ne coûte rien, et dont l'emploi amène un résultat tout aussi complet.

Opération du renforcement

Le renforçage doit faire d'un cliché médiocre un bon cliché ; c'est un remède ; il est donc nécessaire de l'administrer avec discernement, de façon à ne pas courir le risque de créer un mal nouveau tout aussi nuisible au résultat que le premier. Si l'on dépassait la juste mesure on ferait d'un cliché donnant des épreuves grises un cliché qui donnerait des oppositions trop fortes ; les blancs et les noirs des épreuves qui en résulteraient seraient sans détails.

Pour obtenir un bon renforcement, il est nécessaire que le cliché ait séché après les derniers lavages qu'on lui a fait subir ; du reste, on ne peut guère juger de la valeur exacte d'un cliché que lorsqu'il est complètement sec, car, jusque-là, il subit diverses modifications. Ainsi, certains clichés s'éclaircissent en séchant, d'autres, au contraire, deviennent plus intenses. Cela dépend-il de la nature de l'émulsion, des produits employés pour le développement ou bien du séchage plus ou moins rapide? On n'est pas bien d'accord sur ce point ; toujours est-il

2.

qu'il est bon de n'opérer le renforcement que sur des clichés préalablement séchés.

Dans une cuvette propre — on peut en réserver une à cet usage — on décantera ce qu'il faut de bain de bi-chlorure de mercure pour recouvrir largement la plaque.

Le cliché à traiter sera mis préalablement à tremper de façon à permettre au bain de renforçage de le recouvrir d'un seul coup et de pénétrer uniformément dans la gélatine.

Si tous les clichés à renforcer étaient semblables, c'est-à-dire défectueux au même degré, on pourrait bien indiquer le temps pendant lequel ils doivent être laissés en contact avec le renforçateur, mais il n'en est pas ainsi, les uns ont besoin seulement d'un peu plus de vigueur, d'autres, au contraire, demandent à être renforcés énergiquement.

C'est leur séjour plus ou moins prolongé dans ce bain qui doit donner l'un ou l'autre résultat.

Dès que la plaque est dans la cuvette, il faut agiter constamment le liquide à sa surface, afin, que l'action soit régulière. Sans cette précaution, l'image serait comme zébrée et le cliché perdu.

Au bout de une à deux minutes, on s'aperçoit

que le cliché blanchit un peu, c'est le moment
de le regarder par transparence et de s'assurer
des modifications qui se sont produites ; l'image
est un peu plus accusée et légèrement *opaline;*
c'est ce degré d'opalinité dont il faut tenir
compte pour arrêter le renforcement; plus ce
nouvel état sera marqué, plus vigoureux sera
le cliché une fois l'opération terminée.

Il reste à laver la plaque, afin de chasser toute
trace de bi-chlorure : cette dernière opération
devra être faite avec plus de soin si l'on s'est
servi de sel pour aider à la dissolution du bi-
chlorure que si l'on avait employé l'alcool.

Si l'opération était arrêtée à ce moment, le
résultat serait insuffisant, le renforcement n'aurait pas la stabilité qui s'impose et la conservation du cliché serait compromise. Il est donc
nécessaire de transformer la combinaison qui
s'est formée entre l'argent réduit du cliché et le
bi-chlorure de mercure. On obtient ce résultat
en plongeant le cliché dans un bain composé de :

Eau....... .... 80 grammes.
Ammoniaque du commerce.... 20   —

Dès que la couche est en contact avec ce

liquide, elle se marbre de taches brunes et ne tarde pas à noircir de partout; il faut attendre que l'action soit complète, non seulement sur toute la surface du cliché, mais dans toute son épaisseur, ce dont on s'assurera en constatant au verso qu'il n'y a plus de taches blanchâtres.

Ce résultat est absolument indispensable si l'on tient, non-seulement à conserver le cliché, mais encore à ce qu'il conserve lui-même les relations nouvelles qu'il vient d'acquérir.

Le cliché est alors rincé, frotté légèrement avec un tampon de ouate et enfin mis à sécher.

Il faut tenir compte qu'avec certaines émulsions les clichés, en séchant, « montent » encore un peu, c'est-à-dire qu'ils sont plus opaques quand ils sont complètement secs qu'au moment où on les a mis à sécher.

Avant de terminer nos indications concernant le renforcement, nous croyons devoir mettre en garde nos lecteurs contre l'application irraisonnée qu'on en pourrait faire.

On devra bien se garder de renforcer un cliché qui manquera de pose (ceux dont les parties ombrées ne sont pas assez venues).

Le développement agit sur la couche impressionnée et réduit l'argent qu'elle contient, en raison de la modification plus ou moins grande qu'elle a subie sous l'influence de la lumière. Si l'impressionnement a été incomplet, c'est-à-dire si la pose a été trop courte, l'argent pourra bien être fortement réduit par le développement dans les grandes lumières, il le sera très peu dans les demi-teintes, mais dans les ombres, il ne le sera pas du tout.

Nous venons de citer le cas de renforcement d'un cliché qui n'avait pas été assez poussé au développement, il était seulement léger ; par le traitement que nous lui avons fait subir, les relations existantes se sont accentuées et le cliché est devenu meilleur, sinon parfait.

Mais là, nous avions des détails partout, c'est-à-dire une couche d'argent réduit dans des proportions harmonieuses mais légères, nous avions *partout* un support, de quoi asseoir une nouvelle couche destinée à nous donner plus d'opacité. C'est ce que nous avons obtenu par la combinaison du bi-chlorure avec le nitrate d'argent réduit.

Mais si nous tentons la même opération sur un cliché incomplet qui n'a pas déjà tous les détails, dans toutes ses parties, nous pourrons bien renforcer ceux existants mais au détriment des endroits qui ne sont pas, ou qui sont incomplètement venus.

Le renforcement ne fait pas venir les détails, il ne peut qu'accentuer ceux qui existent, mais si déjà ceux-là manquent d'harmonie, ce défaut ne fera que s'aggraver par le renforcement.

Réduction des clichés

Il arrive souvent que les clichés sont bien venus de partout mais qu'ils sont trop opaques dans leur ensemble. C'est le défaut opposé de celui que nous venons de décrire.

La pose a peut-être été un peu dépassée ou bien le développement a été poussé trop loin. Cette faute provient souvent d'un **faux jugement** au laboratoire : **on a mal** apprécié les relations du cliché que l'on développait et, alors, on a dépassé le but.

Il arrive souvent aussi que le trop d'opacité provient d'un changement de plaques parce que les nouvelles n'ont pas les mêmes aptitudes, les mêmes tendances que les précédentes. On était habitué à pousser le développement jusqu'à un degré donné, qu'on avait jugé nécessaire, pour conserver après le flxage l'intensité voulue.

Cette habitude prise, on a agi avec les nouvelles plaques comme on le faisait avec les anciennes, mais comme les dernières ne sont pas de même nature que les précédentes, on constate, après flxage, que le cliché a conservé plus de vigueur, plus d'opacité que celles sur lesquelles on comptait.

Si l'on imprime d'un tel cliché une épreuve sur papier, les lumières manqueront de détails, à moins de pousser la venue des ombres trop fortement. C'est là ce qu'on appelle un cliché dur ; si on l'examine par transparence, on trouve bien dans les ombres des détails superbes, très bien venus et cependant l'épreuve imprimée ne les montre pas.

C'est que pour essayer de faire venir les détails dans les lumières on s'est cru obligé de pousser l'impression très loin, on n'y est point parvenu, car les ombres qui, au début de l'impression, étaient admirablement venues, se sont empâtées peu à peu pour finir par disparaître quelquefois complètement.

Dans un cas semblable, qui se présente assez souvent, le remède est facile et réussit généralement assez bien, mais comme pour le renforcement, il faut savoir l'appliquer avec discernement, c'est-à-dire seulement aux clichés qui sont dans les conditions voulues pour qu'il leur profite et surtout qu'ils puissent le supporter, car ceux qui n'auraient pas tous les détails nécessaires deviendraient plus durs encore.

Comme le renforcement, la réduction ne peut s'appliquer qu'aux clichés qui ont tous les détails, partout, aussi bien dans les lumières que dans les ombres; si ces dernières manquent de détails, nous le répétons, c'est que le cliché manque de pose, et ce défaut est un vice rédhibitoire, d'origine, qui le condamne à la médiocrité.

Donc, seuls les clichés qui présenteront trop d'intensité *dans leur ensemble* pourront être réduits avec un succès complet, et quelquefois même surprenant.

Pour remédier aux clichés manquant de pose, on trouvera dans la partie qui va suivre : « Modification des relations du cliché », les moyens d'en tirer le meilleur parti possible.

Opération de la réduction

Pour ópérer la réduction, on fera les solutions suivantes :

N° 1

Eau......................	500 grammes.
Ferricyanure de potassium....	5 —

N° 2

Eau...........	500 —
Hyposulfite de soude........	50 —

On mélangera par parties égales, de ces deux solutions, ce qu'il en faudra pour recouvrir le cliché à réduire et après l'avoir fait tremper pendant cinq minutes dans l'eau, on le plongera dans le bain réducteur qu'on agitera à sa surface et dont on surveillera l'action, car elle est continue, quelquefois même un peu brutale.

Il faudra bien veiller à ce que les demi-teintes ne soient pas attaquées, car ce sont elles qui doivent lier les lumières et les ombres. C'est là comme en musique : il y a entre le chant et les basses des parties intermédiaires qui, par elles-mêmes, sont sans grande importance, mais qui, cependant, mettent en valeur et en harmonie les parties extrèmes.

3

Nous venons de donner pour la *retouche chimique* du cliché des moyens d'amélioration qui rendent d'excellents services, mais qui ne parviennent pas toujours à donner toute satisfaction, les résultats peuvent être parfois incomplets, insuffisants, mais ne vous en préoccupez pas trop, nous ne nous en tiendrons pas là, nous avons bien d'autres subterfuges que nous allons indiquer. Nous les appellerons :

RETOUCHES PHYSIQUES

La retouche physique est la retouche matérielle du cliché. Dans les diverses applications qu'on en peut faire, chacun emploie ses aptitudes, qui parfois confinent à l'art. Nous parlerons en dernier lieu des tentatives faites dans cet ordre d'idées, mais nous jugeons que tout ce que la main, aussi habile soit-elle, peut tenter, ne donnera jamais cet accent de vérité, cette pureté de modelé vrai, exact autant que vigoureux, que donnent, sans le moindre subterfuge, les clichés bien venus.

Nous venons de décrire ce que l'on peut faire chimiquement pour amener le cliché à un état meilleur, sans sortir des moyens naturels obtenus par les connaissances esthétiques et chimiques dont on dispose; nous allons maintenant indiquer les *ficelles de métier*, susceptibles de compléter les modifications antérieures.

On renforce, on réduit un cliché, mais ce cliché avait dès sa naissance des tendances, une façon d'être dont il a refusé de se départir entièrement. Les remèdes administrés ont peut-être amélioré son état, mais le résultat peut ne pas être complet. Enfin, nous sommes en présence d'un malade qui va mieux assurément, mais pour le mettre complètement sur pieds il lui faut encore des soins nombreux. Nous allons les lui donner.

D'abord, pour toutes les retouches matérielles ou artistiques qu'on peut avoir à exécuter, voici quels sont les accessoires indispensables :

C'est avant tout un bureau à retouche ayant au moins 0^{m}27 carrés, il est impossible de rien tenter de sérieux sans lui.

Grâce à sa disposition, on a devant soi, comme s'il était posé sur une table à écrire ou à dessiner, le cliché éclairé par une lumière qui permet de voir et d'étudier ses détails les plus minutieux, de même que ses relations exactes.

Il faut ensuite une tablette de couleur noire, une de laque carminée, un flacon de gouache jaune, quelques pinceaux bien pointus de diverses forces, un crayon dur, un autre un peu plus tendre, un flacon contenant du vernis mat, puis des collodions teintés à l'aniline rose et bleue, un flacon de vernis mattolin, une estompe et de la plombagine. Les crayons seront bien taillés, la mine devra dépasser le bois d'un bon centimètre au moins et la pointe effilée sera d'abord appointée soigneusement sur un papier émeri très fin et ensuite sur un morceau de bristol un peu rugueux; enfin, on l'essuiera pour la débarrasser de tout excès de plombagine.

Le noir sera délayé sur une petite palette en porcelaine ou bien sur le fond d'une soucoupe; tout à côté on détrempera un peu de laque carminée.

Voici donc les armes prêtes, il s'agit maintenant de livrer bataille! Mais il ne faut pas s'attendre à la gagner sans tactique et sans combat, car une grande légèreté de main et une certaine expérience s'imposent.

Pour acquérir ces deux qualités indispensables, il n'y a qu'à suivre les conseils que nous allons donner.

Retouche des clichés de paysage

Le cliché à retoucher sera mis sur le bureau à retouche, là on l'examinera attentivement et on observera la nature des taches que l'on doit faire disparaître, mais on aura imprimé préalablement une épreuve qui aura été virée comme si l'on devait la conserver, et cela surtout pour bien se rendre compte des relations du cliché afin de pouvoir remédier, comme nous allons

3.

l'indiquer, au manque de relation qui pourrait existe.

La première retouche qui s'impose est le *repiquage* des petits points blancs qui déparent souvent l'épreuve la mieux venue, aussi artistique qu'elle soit. Tous ces points, qui se traduisent en noir sur le papier, doivent disparaître; les uns sont dans le ciel qui peut être ou transparent ou très opaque, — cela dépend des relations du cliché, — d'autres se trouvent dans les détails qui ont eux aussi des relations particulières; et enfin les taches ne sont pas toutes de même nature, les unes laissent le verre presque à nu, d'autres ne sont que demi-transparentes.

Ce qui doit être fait, ce qui s'impose, c'est *d'appliquer des pièces invisibles ;* il faut dissimuler ces divers accidents en harmonisant avec le fond la teinte que l'on doit appliquer, d'après l'opacité plus ou moins grande de la partie sur laquelle se trouve la tache.

On attaquera en premier les points demi-transparents à l'aide du crayon, très légèrement d'abord, puis en appuyant un peu plus au besoin. Quelquefois le point disparaîtra après.

cette tentative, surtout s'il se trouve sur une partie équivalente à la teinte du crayon, mais ne vous y fiez pas, passez légèrement le bout de votre petit doigt et assurez-vous que le défaut a bien disparu, qu'il n'est pas seulement dissimulé sous l'écrasement du crayon.

Si la tache apparaît de nouveau recommencez, mais cette fois au lieu de *pointer*, frottez le crayon comme si vous vouliez faire des hachures et cela avec un peu d'insistance.

Si la teinte du crayon, trop légère, était impuissante à dissimuler le défaut, abandonnez-le pour le reprendre plus tard à l'aide du pinceau et de la couleur, soit noire, soit mélangée de carmin.

Quand on sait manier le pinceau, il est possible de dissimuler n'importe qu'elle tache avec toute teinte à peu près assortie. C'est *la touche*, c'est-à-dire la façon dont le pinceau est posé et la couleur plus ou moins épaisse ou diluée dont on se sert, qui permettent d'atteindre ce résultat.

Le pinceau plus ou moins chargé de couleur mais presque à sec, est dans la plupart des cas ce qui réussit le mieux.

Quand une tache se trouve sur une partie à peu près opaque, on emploie pour la dissimuler de la couleur noire très peu liquide, et on applique le pinceau sur l'accident *sans en dépasser les bords*. Si, au contraire, la partie sur laquelle se trouve la tache a une certaine transparence, on devra employer de la couleur plus claire, mais presque à sec, et l'appliquer avec les mêmes précautions. Dans le cas où la réparation serait légèrement insuffisante, on pourra, quand la couleur sera sèche, la renforcer à l'aide du crayon plus ou moins foncé ; la teinte supplémentaire qu'il donnera sera facilement retenue par le grain de cette première couche de couleur.

Si le fond sur lequel se trouve la tache est très léger le crayon seul pourra parfois suffire.

Les points opaques, qui, sur papier, feraient des taches blanches, seront enlevés à l'aide d'un grattoir, mais superficiellement, il ne faut pas attaquer la gélatine. La trop grande transparence qui pourrait résulter de ce grattage serait alors facilement réduite au point voulu par le crayon et au besoin par la couleur.

Le repiquage des clichés est l'une des petites

choses qui présentent, pour beaucoup d'amateurs, de grandes difficultés. Nous en connaissons de très soigneux, de très adroits, qui y ont renoncé, n'ayant jamais pu mieux faire que de placer la pièce à côté du trou ; mais aussi, voici comment s'y prennent la plupart :

A l'aide d'un pinceau souvent trop gros, qu'ils chargent outre mesure de couleur trop liquide, contre un carreau de vitre, à la façon de l'ours de la fable, ils appliquent sur une petite tache peu apparente, un véritable pâ...té ; le défaut n'était qu'un petit accident, le pâté fait un malheur ! Parce qu'alors voici ce qui en résulte : la couleur trop claire et en trop grande quantité a bavé, s'est répandue autour de la tache qui, elle, n'est pas du tout dissimulée, mais la teinte additionnelle, qui a été absorbée par la gélatine, forme autour du point noir une sorte d'auréole du plus disgracieux effet.

Nous répéterons qu'il est bien essentiel d'assortir *la densité* de la couleur que l'on emploiera avec la teinte du fond sur lequel se trouve la tache et de ne pas trop en charger le pinceau, c'est le seul moyen de ne pas dépasser les contours du point qu'on a à faire disparaître.

Dans la retouche, la laque carminée est surtout employée pour éclaircir un peu le noir avec lequel on la mélange.

Modifications des relations du cliché

Comme nous l'avons déjà dit, il est des cas où la réduction ou le renforcement ont été impuissants à la complète amélioration des clichés, ils présentent encore parfois certaines parties dont les relations ne sont pas en harmonie avec l'ensemble.

S'il existe, par exemple, des endroits un peu légers dans un ensemble bien venu, et qu'on n'aie pas jugé nécessaire de renforcer tout le cliché dans la crainte de donner trop de vigueur à certains détails, à certains effets qu'on a voulu ménager, on peut, sur la gélatine, avec une estompe en cuir et très peu de plombagine, rehausser ces parties. Si ce sont de grandes surfaces, on pourra se servir du bout du doigt médius au lieu de l'estompe, ou bien encore avoir recours aux *réserves* dont nous parlerons plus loin.

Le défaut dont nous voulons parler se constate surtout dans certains massifs de verdure auprès d'habitations blanches ; la maison est bien venue, vigoureuse même, mais tout à côté se trouvent des arbres verts, des massifs incomplètement venus. Il peut y avoir aussi des parties de terrain que le soleil ne frappait pas. Si on avait renforcé l'ensemble, les endroits légers se seraient bien améliorés, mais les parties vigoureuses, la maison par exemple, qui a juste les valeurs voulues, se seraient mal trouvées de ce traitement.

Pour avoir quelques détails de plus dans des parties relativement secondaires on eût sacrifié l'ensemble, tandis qu'en laissant le cliché comme il est, et en *rehaussant les ombres*, tout s'harmonisera.

Parfois, avec certains clichés qui n'auraient pu supporter la réduction sans danger, c'est le contraire qui se produit. Tout irait très bien mais par endroits on a à déplorer trop d'intensité ; l'épreuve vient bien jusqu'à un moment donné, mais, ensuite, les lumières restent trop blanches. Si l'on pousse l'impression, ces grands blancs ne valent guère mieux et les ombres se brûlent. On a donc à choisir entre deux maux,

ou imprimer l'ensemble et supporter des blancs
crus, ou bien obtenir quelques détails dans les
parties trop vigoureuses et sacrifier tout le reste.

L'un et l'autre sont impossible, il faut trouver
un moyen terme et essayer de tout avoir.

Si, quand les parties ombrées sont imprimées
le plus fortement possible, on a cependant
obtenu certains détails dans les lumières, on
poussera l'impression de l'épreuve jusqu'à la
dernière limite possible pour l'ensemble, et la
trop grande crudité des blancs sera atténuée en
teintant légèrement l'épreuve, pendant quelques secondes, au sortir du châssis. C'est un
voile léger qu'il faut produire mais si on faisait
cette opération au soleil, ou si elle était trop
prolongée, on risquerait de dépasser le but et
de produire une épreuve grise.

Ce remède, un peu homéopathique, ne doit
s'appliquer que lorsque le mal est léger, mais
si le défaut dont nous venons de parler était
trop marqué, il faudrait avoir recours à un
autre moyen plus rationnel. Le voici :

On imprimera une épreuve de toute la gran-
deur du cliché, puis, à l'aide de petits ciseaux
ou de la pointe d'un canif, coupant très bien,

on enlèvera toutes les parties qui sont trop vigoureuses, c'est-à-dire celles dans lesquelles les détails ne seront pas venus. (Si l'on se sert d'un canif on s'appuiera sur un verre.)

Ceci fait, on juxtaposera et on fixera cette sorte de poncif à l'envers du cliché, à l'aide de petites bandes de papier gommé, qui formeront charnières, retenues qu'elles seront sur le bord de la plaque. Cette découpure, qui ne sera fixée que d'un seul côté, sera mobile comme le feuillet d'un livre et retombera fatalement au même endroit.

On mettra le cliché et sa cache dans un châssis sans glace (dit anglais), on découvrira tout le cliché et on l'imprimera comme à l'ordinaire, mais on arrêtera la venue de l'épreuve quand les demi-teintes et les ombres seront venues à point. A ce moment, puisque ces parties ont reçu assez d'impression, il n'y a plus qu'à les dissimuler derrière la découpure, que l'on rabattra; elles ne viendront pas davantage, la lumière ne pouvant plus passer que par les parties qui ont été enlevées. Alors, on poussera l'impression, à l'ombre bien entendu, jusqu'au moment ou tous les détails seront suffisamment

4

venus dans les blancs, mais cependant avant
que l'ensemble ne s'alourdisse.

Réserves

Le moyen que nous venons d'indiquer pour
améliorer les clichés ayant des contrastes trop
violents, n'est pas le seul dont on puisse tirer
avantage, en voici un autre tout aussi pratique :

On étend au dos du cliché une couche de
collodion, celui dont on se sert pour l'émaillage
convient, ou bien encore du vernis. Ces produits, que l'on peut avoir en réserve, seront
teintés à l'aniline soit en rose, en bleu, ou en
jaune orange (ce dernier par la crisoïdine). Pour
l'emploi, comme cela dépend du degré d'atténuation à obtenir, on choisira la teinte qui doit
le mieux convenir.

Après avoir étendu sur le cliché la couche de
collodion ou de vernis on videra l'excédent
dans le flacon mais on devra en laisser, sur la
glace, une couche plus ou moins épaisse selon
le besoin, puis on laissera sécher à plat, bien
de niveau, si l'on a employé du collodion.

Quand le collodion ou le vernis est sec, on

enlève, à l'aide d'un canif pour le collodion, ou d'un pinceau chargé d'ammoniaque un peu diluée pour le vernis, toutes les parties dont on veut activer ou augmenter l'impressionnement. Par ce moyen, les parties qui sont recouvertes, retenues, s'impressionnant moins vite, permettent aux parties opaques *d'arriver* au point voulu, en même temps que les ombres. De là plus d'harmonie.

Il est inutile d'ajouter que le tirage des clichés préparés dans ces conditions, doit être fait, forcément, à l'ombre.

Autre moyen. — Au besoin on retarde la venue de certaines parties d'un cliché en étendant au dos, à l'aide d'un pinceau, de la laque carminée préalablement délayée avec un peu d'eau gommée. Avant que la couleur que l'on vient d'appliquer soit sèche, on tamponne légèrement avec le bout du doigt, afin de bien égaliser la couche. Dans cette application il faut faire en sorte de ne pas dépasser les bords des parties à protéger, il vaut mieux rester un peu en dedans, afin de ne pas produire une auréole, d'un très mauvais effet, qui décèlerait le subterfuge.

Le Ciel dans le Paysàge

Les peintres paysagistes considèrent que dans leurs tableaux le ciel joue un rôle très important, aussi, certains d'entr'eux, ont ils acquis une grande réputation par les soins qu'ils apportent à cette partie de leurs œuvres.

En photographie, les amateurs, et même certains praticiens, se préoccupent surtout d'obtenir des ciels bien blancs, bien opaques. C'est un tort, un tel résultat est déplorable, il témoigne le plus souvent d'une réaction fausse, d'un manque d'harmonie dans le cliché.

Par un éclairage savamment combiné, qui détache bien tous les plans, on doit s'efforcer de donner au paysage du relief, une grande profondeur. Pourquoi donc ce paysage qui présente alors une perspective quelquefois même un peu exagérée, se détacherait-il sur un fond, sur un ciel plat, sans détails et sans air? Ce serait une anomalie.

On objectera que les nuages n'ont pas toujours la complaisance de se montrer au moment opportun, que, souvent, la pose qu'on est obligé de donner à la plaque, pour obtenir les détails des premiers plans, fait que ceux que l'on obtiendrait dans le ciel, en posant spécialement pour lui, font complètement défaut quand le cliché a été développé au point voulu.

Cette observation est fondée mais non sans réplique :

Est-ce que messieurs les peintres sont plus favorisés? Les nuages ne sont pas plus complaisants pour eux que pour nous ; aussi ont-ils dans leurs cartons des études spéciales faites sur nature et même parfois des photographies qu'ils consultent et qu'ils adaptent. Pourquoi ne ferions-nous pas de même, c'est pour nous bien plus facile, car nous sommes nos maîtres puisque nous n'avons pas besoin, comme eux, d'un ami qu'ils dédaignent en public mais dont ils utilisent en cachette le précieux concours. Ils affirment que la photographie ne peut prétendre à l'art, puisqu'elle est toute de procédé ? Qu'est-ce donc que cela ? Est-ce de l'art ou de l'artifice ?

Nous parlerons plus loin de l'adaptation des clichés de nuage, mais avant, nous devons dire que lorsque l'on prend un cliché, si l'on a le bonheur d'avoir des nuages, il faut employer tous les moyens possibles pour les *forcer* à figurer sur la plaque.

Ces moyens sont au nombre de trois, qu'on peut employer isolément ou simultanément.

Le premier, qui donne pour l'ensemble de très bons résultats, est l'emploi, dans l'objectif, d'un verre compensateur jaune un peu foncé.

Le deuxième, est d'adapter devant la lentille antérieure de l'objectif, une découpure de papier noir évidée en forme de triangle et placée ainsi Δ ; par ce moyen, le ciel posera beaucoup moins que le paysage, que les premiers plans surtout, ce qui donnera quelques chances d'obtenir les nuages.

Et enfin, le troisième est d'employer un obturateur dont la planchette se soulève par le bas et retombe aussitôt, laissant le paysage à découvert plus longtemps que le ciel. Tels sont ceux de Guerry et de Mendoza quand on les emploie pour la pose.

Mais le ciel n'est pas toujours sillonné de nuages assez bien éclairés pour être reproduits ; il vient souvent fatalement opaque ou bien uniforme et légèrement gris.

S'il est opaque, le seul remède est l'ajustage, sur chaque épreuve, d'un ciel rapporté obtenu par une seconde impression; on aura pour cela plusieurs clichés de ciels, pris sur nature, éclairés diversement, de façon à pouvoir appliquer sur une épreuve éclairée à droite, ou à gauche, un nuage éclairé dans le sens qui lui convient.

Si le ciel du cliché de paysage n'était pas assez opaque pour bien ménager, sans atténuation, tous les effets du nuage artificiel à ajouter, on pourrait, *sur la gélatine*, à l'aide d'une estompe garnie de plombagine, le réchampir, en suivant exactement les contours du paysage, puis, ayant imprimé une épreuve, on découperait largement la silhouette, à l'endroit du réchampissage et on collerait la partie du ciel à l'envers du cliché, ce qui permettrait d'obtenir un ciel blanc, sans sécheresses des contours du paysage sur la ligne d'horizon.

Maintenant, pour adapter un ciel à cette épreuve, qui ne peut rester ainsi, voici comment on devra s'y prendre:

On se munira d'un châssis à glace plus grand que le cliché de nuage à imprimer, de façon à ce qu'il puisse contenir aussi l'épreuve, puis on découpera, à peu près dans la forme de la silhouette du paysage, un morceau de carton ou de bristol, ayant la dimension extérieure du bois du châssis, assez grand pour recouvrir largement la partie imprimée de l'épreuve, laissant à découvert la place du ciel.

Ce bristol découpé, dont le rôle n'a sans doute pas échappé au lecteur, sera *retroussé*, c'est-à-dire que les bords en seront relevés; c'est lui qui doit servir à faire la jonction entre l'épreuve de paysage imprimée et le ciel nuageux qu'il s'agit d'adapter.

Ceci prêt, on mettra d'abord le cliché de nuages sur la glace du châssis bien nettoyée; par dessus on placera l'épreuve après avoir choisi la hauteur, l'endroit du cliché qui convient le mieux pour obtenir un effet naturel, heureux surtout, puis on fermera le châssis que l'on retournera.

Sachant que l'horizon, que le bas du ciel est toujours plus éclairé que le haut, on appliquera le carton découpé un peu plus haut que la silhouette du paysage, puis on portera le tout à la lumière, mais à l'ombre.

Le carton étant éloigné du papier sensible de l'épaisseur du verre du cliché, de la glace forte et du cadre du châssis, de plus, le bord du carton étant relevé ; ces diverses dispositions font que le nuage vient en dégradé, la jonction ne peut donc être marquée mais il faut pour cela placer le carton de façon à ce qu'il n'y ait pas de solution de continuité. On devra donc surveiller la venue de cette seconde impression afin de l'arrêter juste au moment où elle sera en harmonie avec la première.

S'il se trouvait sur l'horizon du paysage, soit des arbres, soit un clocher, il ne faudrait pas craindre que ces détails fussent affectés par la superposition de nuages, au contraire, l'effet serait plus naturel sans que ces parties eussent à en souffrir.

Lorsqu'un cliché de paysage est bien venu, que les relations d'ensemble sont harmonieuses, on doit se féliciter d'avoir un ciel transparent; il est vrai qu'une telle façon d'être donne sur le papier un ciel lourd, d'un très mauvais effet; c'est là ce qui fait le désespoir de beaucoup d'amateurs et cependant c'est le seul état qui permette de créer sur le cliché même, des nuages en harmonie avec le sujet.

Nous avons obtenu des ciels faits de cette façon qui avaient un grand accent de vérité et un cachet très artistique. Avec un peu de soins, l'amateur qui a du goût ne tardera pas à obtenir aussi d'excellents résultats et des effets tout à fait inattendus.

On se procurera pour cela de la plombagine ou ce que l'on appelle de la *sauce*, à défaut, on frottera un crayon un peu tendre sur du papier émeri fin. A l'aide du médius de la main droite, faisant l'office d'estompe, on prendra de cette poudre que l'on étendra sur toute la ligne d'horizon et jusqu'à une certaine hauteur du ciel, puis, un peu plus haut, soit à droite, soit à gauche, selon les détails du paysage qui se découpent sur le ciel, on créera quelques nuages qui feront l'effet de vrais cumulus, si l'on a le soin de frotter en rond et d'étendre ensuite en adoucissant les contours, à l'aide d'un doigt propre ou d'une estompe.

Ce petit travail se fait directement sur la gélatine mais il peut être pratiqué, sans rien compromettre, du côté brillant du verre, si l'on étend préalablement à sa surface du vernis dépoli mat. Dans ce cas la plombagine prend très bien et l'on peut, au besoin, renforcer ainsi l'intensité de certains détails qui auraient été créés du côté de la gélatine.

Lorsque le ciel du cliché manque un peu de transparence, il arrive qu'une fois l'impression terminée, les détails du ciel qu'on a créé, ne sont pas assez accusés, ils sont sur l'épreuve trop légers, trop timides; on peut remédier à ce défaut et accentuer le ciel en cachant le paysage dès qu'on le trouve suffisamment venu, et en continuant l'impression du ciel jusqu'à ce qu'on ait obtenu, ou l'harmonie ou les oppositions que l'on veut avoir.

Retouche des clichés de portrait

C'est bien là la vraie retouche, la plus délicate, celle qui demande le plus de soins, le plus d'expérience. Chaque atelier a son ou ses retoucheurs qui sont loin d'être tous des artistes et qui, malheureusement, sont rarement photographes. Certains sont d'une grande habileté, ils ont une légèreté de main qui leur permet de faire sur le cliché un travail très important sans que l'œil, et même la loupe, puissent déceler leur intervention.

Mais cette habileté, est-elle toujours employée pour la bonne cause ? Rarement !

Ces messieurs ne respectent pas assez les détails essentiels, ceux qui sont absolument indispensables; ils effacent beaucoup trop de demi-teintes, et la pénombre, dont la profondeur les effraie, est par eux impitoyablement masquée par un maquillage inconscient.

- Ils prétendent cependant être des artistes ! Ils nous font à nous l'effet de certains ouvriers que l'on emploie aux réparations de nos monuments archéologiques dont, presque toujours, la caractère disparaît sous un badigeon irraisonné.

Nous connaissons cependant de ces retoucheurs qui reçoivent, pour *abîmer* les clichés qui leur sont confiés, de gros émoluments.

Il y a à Paris des cours de photographie qui sont, paraît-il, très suivis; pourquoi ne fonderait-on pas un peu partout des écoles de retouche, afin que ceux qui ont l'intention d'occuper ces emplois, certes bien rétribués, apprennent à connaître les principes qui s'imposent, non-seulement pour ne pas amoindrir les qualités du cliché mais au contraire pour les faire valoir.

La retouche du cliché ne doit porter que sur les tavelures de la peau et sur les jeux de lumière faux, ou dont l'aspect désagréable peut nuire à l'effet d'ensemble. La plupart du temps une atténuation de ces légers défauts serait suffisante.

Celui qui est vraiment photographe, aussi bien au point de vue technique qu'artistique, après avoir combiné une attitude et un éclairage qui, pour lui, feront valoir et rendront le modèle dans les conditions les plus favorables à tous les points de vue, celui-là, dis-je, en regardant le cliché obtenu, voit de suite quels sont les détails qui sont nuisibles, quels sont aussi ceux qui sont indispensables pour reproduire le sentiment qui l'animait quand il a mis son modèle en place, sous un axe de lumière raisonné. S'il est retoucheur, tant mieux, il continuera son œuvre et sûrement sa main ne détruira pas ce que son imagination a si laborieusement édifié, mais s'il ne l'est pas et qu'il confie cette partie du travail à un auxiliaire,

3

qu'il tremble d'abandonner le complément de
son œuvre à des mains mercenaires.

Passons maintenant à la partie pratique, afin
de guider ceux qui veulent, par la retouche,
améliorer leurs clichés et non les amoindrir.

Ce qui, à notre point de vue, facilite beaucoup la retouche du cliché, ce que nous jugeons
indispensable même, c'est sa « lecture » ; c'est-
à-dire juger à première vue de sa valeur, voir
par ses relations les rapports qui existent entre
les lumières et les ombres, enfin, traduire par
la pensée ce cliché négatif en épreuve positive
sur papier, de même qu'un musicien se rend
compte, en parcourant de l'œil ces petits points
plus ou moins crochus, des intentions de l'auteur et des effets du morceau, aussi complètement que s'il l'entendait.

On comprendra que cette aptitude permet à
celui qui en est doué de voir les défauts qui se
traduiront à l'impression et, par suite, de pouvoir
les atténuer ou les faire disparaître, tandis que
celui qui *lit* mal le cliché ou qui ne le lit pas du
tout, est susceptible de détruire des qualités
essentielles, croyant avoir affaire à des défauts.

Donc à tous ceux qui ont l'intention d'apprendre à retoucher les clichés, nous conseillerons d'en imprimer d'abord une épreuve au point voulu; puis, lorsque cette épreuve sera complètement terminée, collée même, ils devront l'étudier attentivement et rechercher quels sont les détails ou les effets qui laissent à désirer ou qui peuvent être choquants.

Ceci constaté, on devra rechercher sur le cliché comment sont figurés les défauts qu'on veut faire disparaître.

Les points transparents seront retouchés en dernier lieu, de même que les modifications de relations et les tamponnages qu'on aura à effectuer; mais ici, c'est-à-dire pour le portrait, il faudra être très sobre de ces maquillages, car les demi-teintes du visage sont autrement délicates que les détails d'un paysage.

En principe, tout ce que l'objectif a enregistré est exact, donc rien ne doit complètement disparaître, tout doit être conservé si nous voulons être respectueux de la vérité, mais nous devons cependant reconnaître que quelle que soit la valeur du cliché, malgré tous les soins donnés à l'éclairage, il y a chez certains modèles des endroits où la lumière ne tourne pas assez harmonieusement; on a voulu obtenir des effets un peu vigoureux, aussi est-il presque fatal que certaines parties présentent des ombres trop tranchées, ces parties-là demandent à être atténuées; il faut marier, lier les lumières et les ombres.

Souvent aussi l'expression du modèle est un peu dure, et telle bouche qui sourit, un peu par force, est en désaccord complet avec le front qui, lui, témoigne de l'anxiété du modèle pendant la pose.

Ce sont là des défauts capitaux qu'on doit essayer de faire disparaître, ce sont les seules retouches permises, indispensables même, dans certains cas, et le portrait ne peut que gagner si elles sont faites habilement et dans une juste mesure.

Le Front. — La retouche du front, pour les causes que nous venons d'énumérer, demande un certain travail, mais il n'y a pas dans cette partie du visage à craindre de modifier la ressemblance, comme cela pourrait arriver pour la bouche et les parties avoisinantes, siège de l'expression.

Le sommet du front est généralement un peu saillant, puis au-dessous se trouve une légère dépression et enfin au-dessus de l'arcade sourcilière et de chacun des yeux, on remarque communément une petite proéminence, puis encore de chaque côté du front, souvent, une petite cavité nommée « la tempe ».

Chez les jeunes gens, cette façon d'être est juste esquissée, pourrions-nous dire, mais à mesure que nous avançons en âge, c'est là que le temps enregistre son passage et pour mieux nous atteindre il a le soin barbare de nous dépouiller du *feuillage* qui pourrait dissimuler ses coups.

Pour cela il faut bien se résigner, mais ce qu'on est obligé de subir du temps on ne veut pas que le photographe ait l'indiscrétion ou plutôt la franchise de le reproduire trop brutalement ; aussi, certains se sentant atteints ou fortement menacés, nous obligent-ils à détruire non-seulement les défauts et les ravages causés par le temps, mais encore des choses indispensables à l'anatomie, au caractère du modèle et à la vérité.

Satisfaction platonique sans doute qui montre

ᴃ.

bien notre faiblesse, notre manque de résigna-
tion, notre indépendance, la révolte de la créa-
ture contre... le temps !

Eh bien, ce défaut est tellement inhérent à
l'homme que certains artistes peintres de talent,
de notre avis sur tous ces points, lorsqu'il s'agit
des autres, oublient les règles quand ils sont en
présence de leur image brutale, et nous obli-
gent à des tricheries anti-artistiques à l'excès.

On nous pardonnera cette longue digression
mais nous n'avons pu y résister, ce sera peut-
être aussi une excuse pour certains de nos
collègues qui se laissent trop aller à ces tendances impardonnables.

Ceci dit, revenons au front. A l'aide du crayon,
on *atténuera* dans la mesure nécessaire et
raisonnable, la dépression du milieu du front,
de même que les rides trop profondes. Ces
retouches au crayon se font par des points rap-
prochés ou des hachures, et dans bien des cas
ces deux moyens sont employés, mais dès
qu'on se rapprochera des deux parties saillantes
situées au-dessus de l'arcade sourcilière, il ne
faudrait pas combler entièrement la dépression
qui est au-dessus, elles ont besoin d'être précé-

dées d'une légère demi-teinte pour ne pas
donner l'impression de deux monticules au
milieu d'un désert.

Nous avons parlé aussi de deux petites
cavités qui se trouvent de chaque côté du front :
ce sont les tempes; celle qui se trouve du côté
d'où vient la lumière est généralement peu
marquée; de l'autre, la tête étant souvent de
trois quarts, elle paraît peu, mais cependant
comme tout ce côté est ombré il se traduit
souvent en noir, il faudra donc, pour ces deux
cas, employer le crayon et au besoin le tamponnage pour le côté ombré.

Entre les deux yeux il y a souvent une con-
traction désagréable qu'il faudra effacer le plus
possible, elle se traduit par des lignes qui
partent du dessus du nez et montent parfois
directement sur le front tandis que certaines
vont à droite ou à gauche.

Les sourcils. — Les sourcils souvent se rejoi-
gnent, il sera bon de les séparer un peu afin
d'atténuer la dureté du regard. Pour cela on
fera disparaître de chaque côté un peu de la
transparence qu'ont ces détails, l'expression en

sera sensiblement améliorée ; du reste, avant de retoucher, cachez un peu sur l'épreuve, à l'aide d'un petit objet quelconque, ces parties défectueuses, et vous verrez de suite combien l'expression du visage sera préférable, il suffit ensuite d'attaquer résolûment ces imperfections pour donner au modèle plus de calme, plus de sérénité.

L'arcade sourcilière est parfois profonde, les yeux, quand ils sont enfoncés, se trouvent très ombrés ; la retouche au crayon, pour dissimuler ce défaut, est presque toujours impuissante. Le meilleur moyen pour l'atténuer est d'employer de la laque carminée que l'on applique au dos du cliché. Mais quand ce défaut est trop marqué, on prend, à l'aide d'une petite estompe très fine, un peu de plombagine que l'on passe sur la gélatine, partout où le besoin s'en fait sentir, mais il est bien entendu qu'il ne faut pas empiéter sur l'œil ni toucher les endroits qui sont éclairés, de même qu'il ne faut pas que l'application de plombagine détruise complètement la transparence des parties sur lesquelles on l'applique. Elle ne doit que la diminuer un peu.

Les yeux sont une partie du visage très délicate à retoucher, on a dit qu'ils étaient « le miroir de l'âme », nous le croyons volontiers, car le modèle, au moment de la pose, a sans doute l'âme tellement inquiète, que son regard témoigne le plus souvent une grande appréhension, au lieu du calme d'esprit, qui à ce moment serait si nécessaire !

Dans l'épreuve qui doit donner la mesure des retouches à exécuter, on remarque que le regard manque bien souvent de vivacité.

Ce défaut peut provenir de plusieurs causes que nous allons énumérer :

Certains modèles ont le regard morne par nature, il est donc difficile de leur demander plus qu'ils ne peuvent donner, mais chez d'autres le regard est terne parce qu'au moment de la pose ils ont voulu se donner un petit air intéressant et ils ne sont parvenus qu'à avoir l'air de s'endormir.

Il peut se faire aussi que le regard soit défectueux, parce que le parti-pris de l'éclairage fait que les yeux sont trop dans l'ombre, ou que l'arcade sourcilière est profonde, ce qui empêche la lumière d'arriver jusqu'à eux. Enfin, lorsque

les yeux sont bleus, il arrive presque toujours
que le regard est terne, mais avec certains sujets
dont l'expression de la bouche est animée,
cette sorte de langueur du regard est un charme
de plus qu'il faut bien se garder de détruire.

Dans ces divers cas, l'accentuation ou l'adou-
cissement du rayon visuel et le renforcement
raisonné du blanc des yeux, amèneront de meil-
leurs effets. Ainsi, dans les yeux bleus, par
exemple, comme ils ne présentent pas de
teintes foncées qui viennent trancher sur le
reste du visage, en renforçant à l'aide du crayon
le blanc des yeux, ils deviendront plus nets,
plus définis et partant plus expressifs.

Cette retouche est très facile à faire, mais il
ne faudrait pas donner partout, aux blancs de la
prunelle, une intensité égale, le résultat serait
horrible et les yeux auraient l'air artificiels,
mais en raisonnant un peu, il est facile de faire
cette retouche judicieusement et dans une
mesure rationnelle.

Le modèle est toujours plus vivement éclairé
d'un côté; si la lumière vient de droite, par
exemple, la partie gauche du visage est ombrée;
mais entre les blancs qui traduisent les lumières

et les teintes foncées qui indiquent les ombres, se trouve la demi-teinte.

L'œil droit est, du côté de l'oreille, vivement éclairé, mais comme le globe de l'œil est sphérique, le blanc qui se trouve du côté du nez doit être moins clair que celui qui reçoit la lumière directement, à cause de l'ombre portée que produit la saillie de l'œil.

Quant à l'œil gauche, étant plus loin de la lumière que l'œil droit, il doit être moins éclairé, même sur la partie qui se trouve proche du nez; la partie qui fuit doit être presque entièrement dans l'ombre.

Donc, pour renforcer le blanc des yeux dans une gamme naturelle, qui ne donne pas d'effets insolites, il faut, à l'aide du crayon, le retoucher, en tenant compte de la position qu'il occupe par rapport à la lumière.

Le blanc de l'œil droit, du côté de l'oreille, sera renforcé résolûment, celui qui se trouve du côté du nez le sera beaucoup moins. Pour l'œil gauche, la partie qui se trouve près du nez sera renforcée très légèrement et enfin le blanc de l'œil qui se trouve dans la pénombre doit être à peine touché.

Ces divers degrés d'opacité à donner s'obtiennent en appuyant avec plus ou moins d'insistance pour faire prendre le crayon.

Certains yeux bleus, qui semblent noyés, brouillés, seront, par les moyens que nous venons de donner, bien définis.

Le rayon visuel. — Ce point lumineux de l'œil est parfois trop vif; dans ce cas on se servira d'un grattoir spécial ou de la pointe d'un canif soigneusement aiguisé, mais non pour l'enlever tout à fait (c'est lui qui donne l'animation au regard) mais pour en réduire l'opacité, et diminuer ainsi trop de fixité.

Parfois, lorsque la direction de la lumière est défectueuse, il y a deux rayons visuels au lieu d'un, ou bien celui qui existe est trop large. Dans ce cas, il faudra employer le même moyen, à l'aide du grattoir et n'en laisser que juste ce qu'il en faut.

Ces diverses modifications, habilement faites et à propos, amélioreront sensiblement l'expression du regard.

Dessous des yeux. — Au-dessous de la paupière inférieure, il existe une petite dépression qui résulte de la sphéricité du globe de l'œil, puis immédiatement plus bas une ligne plus ou moins longue et profonde qui part du coin de l'œil, près du nez, et descend sur la joue. Cette seconde ligne n'est pas toujours la conséquence de l'âge, elle témoigne le plus souvent de fatigue, de surmenage et aussi, parfois, d'excès.

Le modèle est sans pitié lorsque son portrait indique ces lignes, il ne veut pas les voir. Aussi, pour lui complaire, sont-elles complaisamment enlevées par les photographes dociles ou indifférents. Nous nous sommes nous-même bien souvent soumis à cette exigence, mais ce que nous n'avons jamais consenti à détruire, c'est la petite dépression du dessous de l'œil, dont l'enlèvement complet est impardonnable et que beaucoup de retoucheurs effacent cependant.

Le nez. — Cette partie du visage réclame parfois certaines retouches assez délicates à effectuer, car n'étant pas tous d'origine grecque, nos nez n'ont pas toujours la forme classique. Il est donc indispensable de ne pas trop en modifier les lignes, sous peine de créer des nez de **Carnaval** qui nous rendraient méconnaissables.

Du côté d'où vient la lumière, il y a généralement peu à faire, si ce n'est à marquer d'un trait, partant du haut du nez, une ligne qui doit s'arrêter un peu avant son extrémité ; là on fera un petit point lumineux d'une forme appropriée, car si le nez était pointu, une lumière large ne serait pas à sa place, elle en changerait la forme.

On rehaussera légèrement la lumière sur la narine éclairée et un peu moins celle qui est dans l'ombre.

L'ombre portée du nez sur la joue a parfois besoin d'être atténuée, mais il faudra le faire sobrement, car c'est elle qui, par opposition avec les lumières du nez, lui donne le relief nécessaire.

Il faut bien se garder d'effacer la petite ligne arrondie qui se trouve au-dessus de la narine et qui la délimite.

Nous touchons maintenant aux endroits où gisent la ressemblance et l'expression, ce sont les joues et la bouche.

Les yeux et la bouche, l'un aidant l'autre,

sont les parties du visage qui traduisent les sentiments qui nous animent ou que nous voulons exprimer. Les amoureux et les acteurs le savent bien.

Les joues. — Surtout si le sujet est maigre, on comprèndra qu'il est essentiel de ne pas trop charger les joues de retouche, sous peine de le rendre méconnaissable, de le bouffir. Pour cette partie du visage surtout, chacun a sa façon d'être, elle présente des détails qu'on ne peut décrire tellement ils varient avec chaque sujet. Certaines personnes, dont les pommettes sont saillantes, présentent des ombres portées en forme de croissant qui sont toujours d'un effet très désagréable : la maigreur est alors trop accentuée, elle dépasse même souvent la mesure de la vérité; il faut atténuer et ramener ces effets à des proportions raisonnables. On y arrive par des hachures et des points, et parfois même un léger tamponnage au dos de la plaque est nécessaire.

Il faut reconnaître que dans le cas que nous venons de décrire, de même que pour les ombres exagérées des yeux, du nez et du cou, c'est l'éclairage venant de haut et trop d'aplomb qui les accentue, puis aussi, parfois, un manque de pose.

A ce sujet, nous croyons bon de poser ici un principe immuable, que beaucoup d'amateurs ignorent, ou dont ils ne se souviennent pas dans la pratique. C'est la possibilité, par le temps de pose donné à la plaque, de modifier les effets de lumière, afin d'obtenir plus d'oppositions ou plus d'harmonie.

Le sujet étant éclairé d'une façon donnée, présente des lumières, des demi-teintes et des ombres plus ou moins marquées. Si la pose est juste ce qu'elle doit être pour ce parti-pris, le modèle sera reproduit exactement comme on le voit au moment de l'opération, mais si la pose est courte, ces effets seront plus ou moins exagérés; si au contraire, elle est dépassée, ils seront adoucis parfois jusqu'à l'uniformité.

On peut donc, par ce moyen, après avoir éclairé le modèle comme il convient pour sa façon d'être, atténuer ou mettre en évidence, en posant judicieusement, certains effets défavorables ou heureux.

Le dessous du nez. — Quand la lumière est trop perpendiculaire, cette partie du visage est souvent un peu foncée ; la modification à y apporter s'obtient par les mêmes moyens que ceux employés pour les pommettes trop saillantes et les ombres trop fortes.

Directement sous le nez, il existe le plus souvent deux petites lignes saillantes descendant vers la bouche et séparées par une petite cavité qu'on appelle, croyons-nous, la « fontaine du nez ». Eh bien cette fontaine ne doit pas être comblée, tout au plus, dans certains cas, pourra-t-on en rehausser le niveau.

Le menton est parfois orné d'une fossette ; comme ce détail est caractéristique, il est essentiel de le conserver ; si sa forme n'était pas ronde, si elle affectait celle d'une virgule, ce qui pourrait donner à la lèvre inférieure une expression dédaigneuse, on l'arrondirait un peu, et dans le cas ou ce détail viendrait en noir sur l'épreuve, il faudrait l'éclaircir légèrement par les divers moyens que nous avons déjà donnés.

6.

La bouche. — Nous avons dit que l'expression du sujet avait son siège dans les yeux et vers la bouche, mais plus encore que les yeux, la bouche, par sa mobilité, exprime nos sentiments; ces expressions diverses causent aux lèvres et aux commissures de la bouche, ainsi qu'aux parties avoisinantes, des contractions qui donnent à tous ces détails des formes variables.

Si le crayon tranche, coupe tous ces petits riens, faisant disparaître toutes les demi-teintes, l'expression du modèle en sera tout à fait changée. Si l'expression est mauvaise, allez-y sans crainte, mais, dans le cas contraire, c'est avec beaucoup de ménagements qu'il faudra retoucher ces parties-là. Tous ces détails doivent être rigoureusement ménagés.

Il existe souvent de chaque côté de la bouche, une petite ligne qui l'arrête. Il faut bien se garder de l'enlever car elle est très caractéristique; dans certains cas, on pourra bien en réduire les dimensions ou en modifier un peu la forme, mais ce sera toujours au détriment de la vérité.

Le cou. — Le cou est souvent mal éclairé; la photographie de certains sujets dont le menton, ou plutôt la mâchoire inférieure, présente trop de saillie, produit sur le cou une ombre portée désagréable; dans ce cas un tamponnage modéré pourra atténuer ce défaut.

Sur cette partie du modèle il y a parfois des rides légères ou profondes. Si le sujet est relativement jeune, accordez-lui la satisfaction de les faire disparaître; sous le rapport artistique rien n'en souffrira, mais s'il est âgé et que vous teniez à conserver à votre œuvre tout son caractère, ne consentez à la profaner qu'après en avoir imprimé des épreuves où elle sera reproduite avec tout votre sentiment, c'est-à-dire sans les sacrifices que l'ignorance ou l'amour-propre des gens vous imposent. Ne discutez pas avec les intéressés mais arrangez-vous pour leur donner satisfaction, sans compromettre, au point de vue artistique, le résultat définitif.

Nous allons bientôt parler de la retouche artistique, quoique nous ne sachions guère en quoi elle consiste; nous avons pendant trente ans usé nos yeux sur des clichés et des épreuves, ce n'est pas à nous à dire si nous l'avons fait avec ou sans art, mais toutes nos tentatives ont été guidées par le sentiment et les prévoyances que nous venons de décrire.

Il y a longtemps que l'on discute sur l'art en photographie, nous avons lu sur ce sujet bien des idées émises, tant par les vrais artistes dont le talent est consacré que par ceux qui ne sont artistes qu'en théorie. Eh bien, nous ne sommes guère plus avancés. Il faudrait, croyons-nous, pour juger la question avec indépendance, une école particulière, qui puisse apprécier exactement le résultat en tenant compte de l'effort, car si, dans l'art vrai, incontesté, l'inspiration vient presque entièrement du cerveau, l'auteur peut, dans l'exécution, donner à ses modèles la vie, l'animation qui leur manquent bien souvent; il peut aussi supprimer ou ajouter des matériaux gênants ou qu'il croit utiles.

En photographie il n'en est pas du tout ainsi. Nous devons créer nos sujets de toutes pièces et les avoir devant nous complets et vibrants dans tous leurs détails; ce n'est pas la retouche, aussi habile soit-elle, qui nous permettra de les compléter en modifiant l'éclairage, l'attitude ou l'expression. Du reste, plus on emploiera la main, moins on sentira la vie. C'est de là que vient notre impuissance relative, mais quand nous produisons des choses qui donnent l'impression de l'art, nous pouvons en être fiers.

Mais nous nous consolons en voyant certains tableaux, assez bien cotés, où les personnages ont parfois l'air aussi *salés* que la femme de Loth ; à tel point que nous nous sommes souvent demandé si tel sujet était bien là pour jouer un rôle, ou s'il attendait l'omnibus !

**

Nous venons de revoir ce que nous avons dit sur la retouche physique des clichés de portrait et nous avous constaté l'omission de certains détails pratiques, qui s'imposent pour la bonne exécution de ce travail.

Si nous ne réparions cet oubli, certains de nos lecteurs, peu initiés, seraient presque aussi embarrassés de leur crayon que nous le sommes parfois de notre plume pour traduire notre pensée.

Nous dirons donc que si certains clichés peuvent se retoucher sans préparation d'aucunes sortes, il en est d'autres, et c'est le plus grand nombre, sur lesquels le crayon ne peut prendre s'ils ne sont enduits préalablement d'un vernis spécial qu'on nomme « mattolin ». Voici sa composition :

Essence de Térébenthine...... 100 grammes
Gomme Damar.............. 20   —

ou bien :

Essence de Térébenthine...... 100 grammes
Baume du Canada........... 50   —

On fait un petit tampon de flanelle sur lequel on met une ou deux gouttes de vernis que l'on étend doucement sur les parties à retoucher. A l'aide d'un autre morceau de flanelle non imbibé, on fond, on égalise l'excès de vernis qui ne tarde pas à sécher.

Si les surfaces à atténuer sont de peu d'étendue, un pointillé rapproché suffira, surtout si la tache est ronde ; mais si elle affecte une forme allongée, des hachures un peu serrées seront préférables.

Dans tous les cas on devra attaquer toutes les taches avec beaucoup de légèreté, quitte à insister ensuite en appuyant davantage si l'on juge que le résultat est insuffisant.

Dans la plupart des cas, un crayon un peu dur est préférable à un autre trop mou. On recommande les graphites de Sibérie, de Faber, sans doute parce qu'ils sont chers. Nous nous sommes toujours bien trouvé du modeste crayon Gilbert, marqué d'un B, « dur pour bureau ».

Il est probable que ceux qui n'ont jamais fait de retouche, feront d'abord des points opaques qui se traduiront en blanc sur l'épreuve, mais il ne faudra pas pour cela se décourager; une couche de vernis passée à nouveau, en insistant sur ce barbouillage, suffira pour le faire disparaître et, après une nouvelle dessication, on pourra recommencer.

Pour débuter il sera bon de ne pas prendre des clichés trop couverts par un excès de pose ou de développement, mais, au contraire, on recherchera ceux de densité moyenne qui sont bien transparents, c'est-à-dire où les détails sont bien définis.

Bien se souvenir que c'est avec les parties environnant le défaut, qu'il faut assortir l'opacité du crayon ou de la couleur, et qu'avec de la volonté, de l'observation et de la persévérance, on triomphe presque toujours des plus grandes difficultés.

RETOUCHE ARTISTIQUE

Si nous nous plaçons au point de vue artistique comme nous l'entendons, nous sommes obligé de constater que le cliché est bien difficile à retoucher. L'habileté plus ou moins grande de l'opérateur, lorsqu'il applique avec goût les diverses modifications dont nous venons de parler, nous semble seule pouvoir être considérée comme de l'art en retouche. Et encore n'est-ce pas plutôt le complément de l'art photographique, de l'habileté professionnelle?

Puisque l'art n'a pas de limite, il est bien difficile de savoir au juste où il commence.

Dans tous les cas, pour retoucher un cliché artistiquement, il est indispensable que celui qui a cette prétention connaisse et apprécie parfaitement les effets qui le caractérisent, sans cela il ne pourrait prétendre perfectionner ce que nous appellerons une œuvre de la nature.

Voyons d'abord quels sont, au point de vue matériel, les moyens d'action du retoucheur de cliché, artiste ou non. Que peut-il faire soit au crayon, soit au pinceau?

Des opacités plus ou moins grandes et rien de plus.

Peut-être obtiendra-t-il par ce moyen quelques notes à effet. Mais après! lui est-il possible de ménager le reste de la gamme du blanc au noir, sans solutions de continuité?

Nous trouvons la chose bien difficile, car il ne peut faire ni grattage pour avoir des demi-teintes et des ombres, ni créer des détails qui se lient avec l'ensemble.

Il ne peut donc, en dehors des retouches de détail, qu'établir des réserves par des tamponnages ou des enduits et créer des grandes lumières.

Nous jugeons que ce modeste bagage est tout

7

au plus bon pour tirer parti de certains clichés médiocres ou ratés.

Peut-on dire que la retouche obtenue dans ces conditions soit de l'art? Non.

Nous ne voyons guère que le ciel de paysage sur lequel un dessinateur habile peut bien créer des nuages et obtenir des effets s'harmonisant si bien avec le sujet, qu'ils lui communiquent assurément une valeur qu'il n'aurait pas eue sans l'intervention de l'artiste. Mais les ciels rapportés sont tout aussi harmonieux et, souvent, l'effet est plus vrai.

Nous avons vu certains portraits dont les clichés étaient très légers d'ensemble et sur lesquels l'artiste retoucheur avait presque tout créé. C'était-là assurément un travail très méritant, très habilement exécuté. Ces clichés avaient acquis des valeurs que le photographe n'avait pas obtenues, ni rêvées peut-être. Cette retouche était bien de la retouche artistique. Mais pourquoi tout ce travail?

C'était bon au temps où l'obtention d'un cliché complet était difficile; mais aujourd'hui que nous avons grandi, que nous savons éclairer le modèle avec tous les effets de lumière qui peuvent être rêvés, que nous avons à notre disposition maints moyens de développer nos clichés à notre gré, afin d'obtenir telle ou telle réaction favorable au but que nous poursuivons, la *retouche créatrice* est devenue presque inutile. Nous obtenons mieux et surtout plus vrai avec nos seuls moyens.

L'Art... voilà un mot bien élastique.

Nous jugeons, nous, qu'un ouvrier quelconque est un artiste si son œuvre sort sensiblement de l'ordinaire et témoigne d'un certain effort d'imagination.

Mais bien autrement artiste est celui dont les productions provoquent l'admiration d'une certaine classe d'initiés.

En photographie, l'art s'affirme surtout dans l'arrangement d'un sujet quelconque, d'un paysage par exemple, dans lequel les règles de la composition et du dessin ont été judicieument observées.

Celui qui, après cela, a su choisir l'éclairage qui donnera à son œuvre le souffle qui doit l'animer, en traduisant l'impression qu'il a ressentie en la composant, celui-là, dis-je, se résoudra rarement à la laisser profaner par un

retoucheur dont les tentatives pourraient la
compromettre; il n'y a que lui qui puisse, par
la retouche, apporter à cette œuvre le complément qu'il croira nécessaire.

TABLE DES MATIERES

———

Libourne. — Impr. Libournaise, 2-4, allées de la République.

LIBRAIRIE GAUTHIER-VILLARS ET FILS,
Quai des Grands-Augustins, 55. — Paris.

Envoi franco contre mandat-poste ou valeur sur Paris.

BIBLIOTHÈQUE
PHOTOGRAPHIQUE.

**Médaille d'or à l'Exposition de Florence, 1887.
Diplôme d'honneur à l'Exposition internationale
de Bruxelles, 1897.**

La Bibliothèque photographique se compose de plus de 200 volumes et embrasse l'ensemble de la Photographie considérée comme Science ou comme Art.

A côté d'Ouvrages d'une certaine étendue, tels que le *Traité* de M. Davanne, le *Traité encyclopédique* de M. Fabre, le *Dictionnaire de Chimie photographique* de M. Fourtier, la *Photographie médicale* de M. Londe, etc., elle comprend une série de monographies nécessaires à celui qui veut étudier à fond un procédé et apprendre les tours de main indispensables pour le mettre en pratique. Elle s'adresse donc aussi bien à l'amateur qu'au professionnel, au savant qu'au praticien.

Abney (le capitaine), Professeur de Chimie et de Photographie à l'Ecole militaire de Chatham. — *Cours de Photographie.* Traduit de l'anglais par LÉONCE ROMMELAER. 3ᵉ édition. Grand in-8, avec une planche photoglyptique; 1877.   5 fr.

Agle. — *Manuel pratique de Photographie instantanée.* 2ᵉ tirage. In-18 jésus, avec 29 figures; 1891.   2 fr. 75 c.

Aide-Mémoire de Photographie publié depuis 1876 sous les auspices de la Société photographique de Toulouse, par C. FABRE. In-18, avec figures et spécimens.
          Broché..... 1 fr. 75 c. | Cartonné... 2 fr. 25 c.
Les volumes des années précédentes, sauf 1877, 1878, 1879, 1880 *et* 1883 *se vendent aux mêmes prix.*

Annuaire général et international de la Photographie pour 1897 (6ᵉ année), publié avec le concours de MM. CH. GRAVIER, G. MARESCHAL, L. VIDAL, E. WALLON, etc. Un volume in-8 de XXXIV-356 pages, illustré de nombreuses gravures.
          Prix : 4 fr. ; franco : 5 fr.

Arago (F.). — *Rapport sur le Daguerréotype.* In-12; 1839. 50 c.

Audra. — *Le gélatinobromure d'argent.* Nouveau tirage. In-18 jésus; 1887.   1 fr. 75 c.

Baden-Pritchard (H.), Directeur du *Year-Book of Photography.* — *Les Ateliers photographiques de l'Europe* (Descrip-

★

tions, Particularités anecdotiques, Procédés nouveaux, Secrets d'atelier). Traduit de l'anglais sur la 2ᵉ édition, par CHARLES BAYE. In-18 jésus, avec figures; 1885. 5 fr.

On vend séparément :

Iᵉʳ Fascicule : *Les Ateliers de Londres*.......... 2 fr. 50 c.
IIᵉ Fascicule : *Les Ateliers d'Europe*............. 3 fr. 50 c.

Balagny (George), Membre de la Société française de Photographie, Docteur en droit. — *Traité de Photographie par les procédés pelliculaires.* 2 vol. grand in-8. avec figures.

On vend séparément :

TOME I : Généralités. Plaques souples. Théorie et pratique des trois développements au fer, à l'acide pyrogallique et à l'hydroquinone; 1889. 4 fr.

TOME II : Papiers pelliculaires. Applications générales des procédés pelliculaires. Phototypie, Contretypes, Transparents ; 1890. 4 fr.

Balagny (George). — *Hydroquinone et potasse.* Nouvelle méthode de développement à l'hydroquinone pour négatifs sur glace et sur papiers pelliculaires. 2ᵉ édition, revue et augmentée. In-18 jésus; 1895. 1 fr.

Balagny (George). — *Les Contretypes ou copies de clichés.* In-18 jésus ; 1893. 1 fr. 25 c.

Batut (Arthur). — *La Photographie appliquée à la reproduction du type d'une famille, d'une tribu ou d'une race.* Petit in-8, avec 2 planches photocollographiques ; 1887. 1 fr. 50 c.

Batut (Arthur). — *La Photographie aérienne par cerf-volant.* Petit in-8, avec figures et 1 planche ; 1890. 1 fr. 75 c.

Berget (Alphonse), Docteur ès Sciences, attaché au Laboratoire des recherches de la Sorbonne. — *Photographie des Couleurs par la méthode interférentielle de* M. LIPPMANN. In-18 jésus, avec figures; 1891. 1 fr. 50 c.

Berthier (A.). — *Manuel de Photochromie interférentielle.* Procédés de reproduction directe des couleurs. In-18 jésus, avec 25 figures ; 1895. 2 fr. 50 c.

Bertillon (Alphonse), Chef du Service d'identification (Anthropométrie et Photographie) de la Préfecture de police. — *La Photographie judiciaire.* Avec un Appendice *sur la classification et l'identification anthropométriques.* In-18 jésus, avec 8 planches en photocollographie ; 1890. 3 fr.

Boivin (F.). — *Procédé au collodion sec.* 3ᵉ édition, augmentée du formulaire de Th. Sutton, des procédés de tirage aux poudres colorantes inertes (procédé au charbon), ainsi que de notions pratiques sur la Photolithographie, l'Electrogravure et l'impression à l'encre grasse. In-18 jésus ; 1883. 1 fr. 50 c.

Bonnet (G.), Chimiste, Professeur à l'Association philotechnique. — *Manuel de Phototypie.* In-18 jésus, avec figures et une planche phototypique ; 1889. 2 fr. 75 c.

Bonnet (G.). — *Manuel d'Héliogravure et de Photogravure en relief.* In-18 j., avec fig. et 2 planches spécimens ; 1890. 2 fr. 50 c.

Boursault (Henri), Chimiste à la Compagnie des Chemins de fer du Nord. — *Calcul du temps de pose en Photographie.* Petit in-8 ; 1896.

Broché............ 2 fr. 50 c. | Cartonné, toile anglaise. 3 fr.

Bulletin de la Société française de Photographie. Grand in-8, bi-mensuel. (Fondé en 1855.) 2ᵉ SÉRIE.

    1ʳᵉ *Série*. 30 volumes, années 1855 à 1884.   250 fr.

    On peut se procurer les années qui composent la 1ʳᵉ Série, sauf le Tome I (1855) et les Tomes XVII à XXX (1871-1884), au prix de 12 fr. l'une, les numéros au prix de 1 fr. 50 c., et les Tables décennales par ordre de matières et par noms d'auteurs des Tomes I à X (1855 à 1864) et des Tomes XI à XX (1865-1874), au prix de 1 fr. 50 c. chacune.

    La 2ᵉ *Série*, commencée en 1885, a continué de paraître chaque mois, par numéro de 2 feuilles, jusqu'en 1891, et chacune des années séparées pendant cette période se vend 12 fr. — A partir de 1892, le *Bulletin* paraît deux fois par mois, et forme chaque année un beau volume de 30 feuilles avec planches spécimens et figures.

    Prix pour un an : Paris et les départements.   15 fr.
               Etranger.   18 fr.

Bulletin de l'Association belge de Photographie. Grand in-8 mensuel, paraissant depuis l'année 1874.

    Prix pour un an : France et Union postale.   27 fr.
    1ʳᵉ *Série*, 10 volumes, années 1874 à 1883.   250 fr.
    Les volumes des années précédentes, sauf 1889 et 1890, se vendent séparément.   25 fr.

Bulletin du Photo-Club de Paris. Organe officiel de la Société. Grand in-8, mensuel (Fondé en 1891).

    Revue mensuelle, enrichie de nombreux spécimens obtenus à l'aide des procédés les plus nouveaux.

           Prix de l'abonnement :
    France et Etranger............ 15 fr.

Bulloz (E.) — *La propriété photographique et la loi française*, suivie d'une *Étude comparée des Législations étrangères sur la Photographie*, par A. DARRAS. In-8 ; 1890.   1 fr.

Burais (Dʳ A.). — *Les applications de la Photographie à la Médecine*. In-4, avec figures et 6 planches dont une en couleurs ; 1896.   4 fr.

Burton (W.-K.). — *A B C de la Photographie moderne*. Traduit sur la 6ᵉ édition anglaise, par G. HUBERSON. 4ᵉ édition, revue et augmentée. In-18 jésus, avec figures ; 1892.   2 fr. 25 c.

Cavilly (Georges de). — *Le Curé du Bénizou*. (Nouvelle inédite avec illustrations photographiques dans le texte et 1 planche en héliogravure. Clichés d'après nature, par M. MAGRON). Un volume in-4 ; 1895.   5 fr.

Chable (E.), Président du Photo-Club de Neuchâtel. — *Les Travaux de l'Amateur photographe en hiver*. 2ᵉ édition, revue et augmentée. In-18 jésus, avec 46 figures ; 1892.   3 fr.

Chapel d'Espinassoux (Gabriel de). — *Traité pratique de la détermination du temps de pose*. Grand in-8, avec nombreuses Tables ; 1890.   3 fr. 50 c.

Chardon (Alfred). — *Photographie par émulsion sèche au bromure d'argent pur* (Ouvrage couronné par le Ministre de l'Instruction publique et par la Société française de Photographie). Grand in-8, avec figures ; 1877.   4 fr. 50 c.

Chardon (A.). — *Photographie par émulsion sensible, au bromure d'argent et à la gélatine*. Grand in-8, avec fig. ; 1880.   3 fr. 50 c.

Chéri-Rousseau. — *Méthode pratique pour le tirage des épreuves de petit format par le procédé au charbon.* In-18 jésus ; 1894. 75 c.

Clément (R.). — *Méthode pratique pour déterminer exactement le temps de pose,* applicable à tous les procédés et à tous les objectifs, indispensable pour l'usage des nouveaux procédés rapides. 3e édition. In-18 jésus ; 1889. 2 fr. 25 c.

Colson (R.). — *Les Papiers photographiques au charbon.* (Enseignement supérieur de la Photographie. Cours professé à la Société française de Photographie). Grand in-8 ; 1898. 2 fr. 75 c.

Colson (R.). — *La Photographie sans objectif, au moyen d'une petite ouverture.* Propriétés, usages, applications. 2e édit., revue et augmentée. In-18 j., avec figures et planche spécimen ; 1891. 1 fr. 75 c.

Colson (R.). — *Procédés de reproduction des dessins par la lumière.* In-18 jésus ; 1888. 1 fr.

Colson (R.). — *La perspective en Photographie.* In-18 jésus, avec figures ; 1894. 1 fr. 50 c.

Conférences publiques sur la Photographie théorique et technique, organisées en 1891-1892, par le Directeur du Conservatoire national des Arts et Métiers. In-8, avec 198 figures et 9 planches ; 1893. 7 fr. 50 c.

Conférences de MM. le Colonel Laussedat, Davanne, Demény, Lippmann, Janssen, le Capitaine Colson, Fabre, Cornu, Londe, le Commandant Fribourg, Vidal, Wallon, Trutat, Duchesne, le Commandant Moëssard, Becquerel, Gravier, Balagny, Buguet.

Congrès international de Photographie (Exposition universelle de 1889). — *Rapports et documents,* publiés par les soins de M. S. Pector, Secrétaire général. Grand in-8, avec figures et 2 planches ; 1890. 7 fr. 50 c.

— **Étiquettes** établies conformément aux décisions du *Congrès international de Photographie* (1889) et destinées à être collées sur les envois contenant des produits photographiques. (*Craint la lumière. N'ouvrir qu'en présence du destinataire.*)

Grande étiquette rouge avec étoile conventionnelle et indications en français seulement (16cm × 12cm,5). Prix de l'exemplaire 0 fr. 03 c.

Petite étiquette rouge avec indications en toutes les langues (10cm × 4cm,5). Prix de l'exemplaire 0 fr. 02 c.

Congrès international de Photographie (2e Session. Exposition de Bruxelles, 1891). — *Rapport général de la Commission permanente* nommée par le Congrès international de Photographie tenu à Paris en 1889. Gr. in-8, avec fig. ; 1891. 2 fr. 50 c.

Congrès international de Photographie (2e Session tenue a Bruxelles, du 23 au 29 août 1891). — *Compte rendu, Procès-verbaux et pièces annexes.* Grand in-8 ; 1892. 2 fr. 50 c.

Cordier (V.). — *Les insuccès en Photographie; causes et remèdes* suivis de la *Retouche des clichés* et du *Gélatinage des épreuves.* 6e édition, avec figures. In-18 jésus ; 1893. 1 fr. 75 c.

Coupé (l'abbé J.). — *Méthode pratique pour l'obtention des diapositives au gélatinochlorure d'argent pour projections et stéréoscope.* In-18 jésus, avec figures ; 1892. 1 fr. 25 c.

Courrèges (A.), Praticien. — *Ce qu'il faut savoir pour réussir en Photographie.* 2e édition, revue et augmentée. Petit in-8, avec 1 planche en photocollographie ; 1896. 2 fr. 50 c.

Cronenberg (Wilhelm), Directeur de l'École de Photographie et de reproduction photographique de Grönenbach. — *La pratique de la Phototypogravure américaine.* Traduit et augmenté d'un *Appendice* par C. FÉRY, Chef des Travaux pratiques à l'Ecole de Physique et de Chimie industrielles. In-18 jésus, avec 66 figures et 13 planches ; 1898.   3 fr.

Cros (Ch.). — *Solution générale du problème de la Photographie des Couleurs.* In-8 ; 1869.   1 fr.

Darwin (le major Léonard), ancien Officier du corps royal du Génie. — *Sur la méthode d'examen des objectifs photegraphiques à l'observatoire de Kew.* Traduction de M. E. COUSIN. Grand in-8, avec 23 figures ; 1894.   2 fr.

Davanne. — *La Photographie. Traité théorique et pratique.* 2 beaux vol. gr. in-8, avec 234 fig. et 4 pl. spécimens.   32 fr.

On vend séparément :

Iʳᵉ PARTIE : Notions élémentaires. — Historique. — Épreuves négatives. — Principes communs à tous les procédés négatifs. — Epreuves sur albumine, sur collodion, sur gélatinobromure d'argent, sur pellicules, sur papier. Avec 2 planches spécimens et 120 figures ; 1886.   16 fr.

II⁰ PARTIE : Epreuves positives : aux sels d'argent, de platine, de fer, de chrome. — Epreuves par impressions photomécaniques. — Divers : Les couleurs en Photographie. Epreuves stéréoscopiques. Projections, agrandissements, micrographie, Réductions, épreuves microscopiques. Notions élémentaires de Chimie, vocabulaire. Avec 2 planches spécimens et 114 figures ; 1888.   16 fr.

Un supplément, mettant cet important Ouvrage au courant des derniers travaux, est en préparation.

Davanne. — *Les Progrès de la Photographie.* Résumé comprenant les perfectionnements apportés aux divers procédés photographiques pour les épreuves négatives et les épreuves positives, les nouveaux modes de tirage des épreuves positives par les impressions aux poudres colorées et par les impressions aux encres grasses. In-8 ; 1877.   6 fr. 50 c.

Davanne. — *La Photographie, ses origines et ses applications.* Grand in-8, avec figures ; 1879.   1 fr. 25 c.

Davanne. — *Nicéphore Niepce, inventeur de la Photographie.* Conférence faite à Chalon-sur-Saône pour l'inauguration de la statue de Niepce, le 22 juin 1885. Grand in-8, avec un portrait en photocollographie : 1885.   1 fr. 25 c.

Demarçay (J.), ancien Elève de l'École Polytechnique. — *Théorie mathématique des guillotines et obturateurs centraux droits.* Grand in-8, avec figures ; 1892.   2 fr.

Donnadieu (A.-L.), Docteur ès Sciences, Professeur à la Faculté des Sciences de Lyon. — *Traité de Photographie stéréoscopique.* Théorie et pratique. Grand in-8, avec atlas de 20 planches stéréoscopiques en photocollographie ; 1892.   9 fr.

Ducos du Hauron (Alcide). — *La Triplice photographique des couleurs et l'imprimerie,* système de Photochromographie LOUIS DUCOS DU HAURON. Nouvelles descriptions théoriques et pratiques mises en rapport avec les progrès généraux de la Photographie, de l'Optique et des diverses sortes de phototirages soit industriels, soit d'amateurs. In-18 jésus ; 1897.
6 fr. 50 c.

Dumoulin. — *Les Couleurs reproduites en Photographie.* Procédés Becquerel, Ducos du Hauron, Lippmann, etc. Historique, théorie et pratique. 2⁰ édit. In-18 jésus ; 1894. 1 fr. 50 c.

Dumoulin. — *La Photographie sans laboratoire* (Procédé au gélatinobromure). Manuel opératoire. Insuccès. Tirage des épreuves positives. Temps de pose. Épreuves instantanées. Agrandissement simplifié. 2e édition, entièrement refondue. In-18 jésus, avec figures ; 1892. 1 fr. 50 c.

Dumoulin. — *La Photographie sans maître.* 2e édition, entièrement refondue. In-18 jésus, avec figures ; 1896. 1 fr. 75 c.

Eder (le Dr **J.-M.**), Directeur de l'École royale et impériale de Photographie de Vienne, Professeur à l'École industrielle de Vienne, etc. — *La Photographie à la lumière du magnésium.* Ouvrage inédit, traduit de l'allemand par HENRY GAUTHIER-VILLARS. In-18 jésus, avec figures ; 1890. 1 fr. 75 c.

Eder (Dr **J.-M**) et **Valenta** (E.). — *Versuche über Photographie mittelst der Röntgen'schen Strahlen.* In-folio (50cm × 35cm), avec 15 planches en héliogravure tirées sur chine ; 1896. 25 fr.

Elsden (**Vincent**). — *Traité de Météorologie à l'usage des photographes.* Traduit de l'anglais par HECTOR COLARD. Grand in-8, avec figures ; 1888. 3 fr. 50 c.

Fabre (**C.**), Docteur ès Sciences. — *Traité encyclopédique de Photographie.* 4 beaux volumes grand in-8, avec 724 figures et 2 planches ; 1889-1891. 48 fr.

Chaque volume se vend séparément 14fr.

Des suppléments, destinés à exposer les progrès accomplis, viennent compléter ce Traité et le maintenir au courant des dernières découvertes.

Premier Supplément (A). Un beau volume grand in-8 de 400 pages, avec 176 figures ; 1892. 14 fr.

Deuxième Supplément (B). Un beau volume grand in-8 de 400 pages, avec nombreuses figures ; 1898. 14 fr.

Les six volumes se vendent ensemble 72 fr.

Fabre (**C.**). — *La Photographie sur plaque sèche. Émulsion au coton-poudre avec bain d'argent.* In-18 jésus ; 1880. 1 fr. 75 c.

Ferret (l'abbé **J.**). — *La Photogravure facile et à bon marché.* 2e tirage. In-18 jésus ; 1897. 1 fr. 25 c.

Ferret (l'abbé **J.**). — *La Photogravure sans Photographie.* In-18 jésus ; 1894. 1 fr. 25 c.

Féry (**Charles**), Chef des Travaux pratiques à l'École de Physique et de Chimie industrielles de la Ville de Paris, et **Burais** (**Auguste**), Chargé du service photomicrographique à l'Institut Pasteur. — *Traité de Photographie industrielle.* Théorie et pratique. In-18 jésus, avec 94 figures et 9 planches ; 1896. 5 fr.

Forest (**Max**). — *Ce qu'on peut faire avec des plaques voilées.* Photocollographie avec des plaques voilées. Moyen de rendre leur sensibilité aux plaques voilées. Plaques positives au chlorobromure d'argent. Papiers et plaques avec virage à l'encre de toutes couleurs, etc. In-18 jésus ; 1893. 1 fr.

Fortier (**G.**). — *La Photolithographie, son origine, ses procédés, ses applications.* Petit in-8, orné de planches, fleurons, culs-de-lampe, etc., obtenus au moyen de la Photolithographie ; 1876. 3 fr. 50 c.

Fourtier (H.) — *Dictionnaire pratique de Chimie photographique*, contenant une *Etude méthodique des divers corps usités en Photographie*, précédé de *Notions usuelles de Chimie* et suivi d'une Description détaillée des *Manipulations photographiques*. Grand in-8, avec figures; 1892.   8 fr.

Fourtier (H.). — *Les Positifs sur verre. Théorie et pratique. Les Positifs pour projections. Stéréoscopes et vitraux. Méthodes opératoires. Coloriage et montage.* Grand in-8, avec nombreuses figures; 1892.   4 fr. 50 c.

Fourtier (H.). — *La Pratique des projections.* Étude méthodique des appareils. Les accessoires. Usages et applications diverses des projections. Conduite des séances. 2 volumes in-18 jésus.
    TOME I. *Les Appareils*, avec 66 figures; 1892.   2 fr. 75 c.
    TOME II. *Les Accessoires. La Séance de projections*, avec 67 figures; 1893.   2 fr. 75 c.

Fourtier (H.). — *Les Tableaux de projections mouvementés.* Etude des Tableaux mouvementés; leur confection par les méthodes photographiques. Montage des mécanismes. In-18 jésus, avec 42 figures; 1893.   2 fr. 25 c.

Fourtier (H.). — *Les Lumières artificielles en Photographie.* Etude méthodique et pratique des différentes sources artificielles de lumière, suivie de recherches inédites sur la puissance des photopoudres et des lampes au magnésium. Grand in-8, avec 19 figures et 8 planches; 1895.   4 fr. 50 c.

Fourtier (H.), Bourgeois et Bucquet. — *Le Formulaire classeur du Photo-Club de Paris.* Collection de formules sur fiches, renfermées dans un élégant cartonnage et classées en trois Parties: *Phototypes, Photocopies et Photocalques, Notes et renseignements divers*, divisées chacune en plusieurs Sections.
    Première série; 1892.   4 fr.
    Deuxième série; 1894.   3 fr. 50 c.

Fourtier (H.) et Molteni (A.). — *Les Projections scientifiques.* Etude des appareils, accessoires et manipulations diverses pour l'enseignement scientifique par les projections. In-18 jésus de 300 pages, avec 113 figures; 1894. Broché.   3 fr. 50 c.
    Cartonné   4 fr. 50 c.

Garin et Aymard, Émailleurs. — *La Photographie vitrifiée.* Opérations pratiques. In-18 jésus; 1890.   1 fr.

Gastine. — *La Chronophotographie sur plaque fixe et sur pellicule mobile.* Petit in-8; 1897.
    Broché........ 2 fr. 50 c. | Cartonné........... 3 fr.

Gauthier-Villars (Henry). — *Manuel de Ferrotypie.* In-18 jésus, avec figures; 1891.   1 fr.

Geymet. — *Traité pratique de Photographie.* Éléments complets, methodes nouvelles. Perfectionnements. 4e édition, revue et augmentée par EUGENE DUMOULIN. In-18 jésus; 1894.   4 fr.

Geymet. — *Traité pratique du procédé au gélatinobromure.* In-18 jésus; 1885.   1 fr. 75 c.

Geymet. — *Éléments du procédé au gélatinobromure.* In-18 jésus; 1882.   1 fr.

Geymet. — *Traité pratique de Photolithographie.* 3e édition. In-18 jésus; 1888.   2 fr. 75 c.

Geymet. — *Traité pratique de Phototypie.* 3e édition. In-18 jésus; 1888.   2 fr. 50 c.

Geymet. — *Procédés photographiques aux couleurs d'aniline.* In-18 jésus; 1888.   2 fr. 50 c.

Geymet. — *Traité pratique de gravure héliographique et de galvanoplastie.* 3e édition. In-18 jésus; 1885. 3 fr. 50 c.

Geymet. — *Traité pratique de Photogravure sur zinc et sur cuivre.* In-18 jésus; 1886. 4 fr. 50 c.

Geymet. — *Traité pratique de gravure et impression sur zinc par les procédés héliographiques.* 2 volumes in-18 jésus; 1887.

On vend séparément:

Ire PARTIE : Préparation du zinc. 2 fr.
IIe PARTIE : Méthodes d'impression.— Procédés inédits. 3 fr.

Geymet. — *Traité pratique de gravure en demi-teinte par l'intervention exclusive du cliché photographique.* In-18 jésus; 1888. 3 fr. 50 c.

Geymet. — *Traité pratique de gravure sur verre par les procédés héliographiques.* In-18 jésus; 1887. 3 fr. 75 c.

Geymet. — *Traité pratique des émaux photographiques.* Secrets (tours de main, formules, palette complète, etc.) à l'usage du *photographe émailleur sur plaques et sur porcelaines.* 3e édition. In-18 jésus; 1885. 5 fr.

Geymet. — *Traité pratique de Céramique photographique.* Epreuves irisées or et argent (Complément du *Traité des émaux photographiques*). In-18 jésus; 1885. 2 fr. 75 c.

Geymet. — *Héliographie vitrifiable, températures, supports perfectionnés, feux de coloris.* In-18 jésus; 1889. 2 fr. 50 c.

Geymet. — *Traité pratique de Platinotypie sur émail, sur porcelaine et sur verre.* In-18 jésus; 1889. 2 fr. 25 c.

Girard (J.). — *Photomicrographie en 100 tableaux pour projections.* Texte explicatif, avec 29 fig. In-18 jésus; 1872. 1 fr. 50 c.

Godard (E.), Artiste peintre décorateur. — *Traité pratique de peinture et dorure sur verre. Emploi de la lumière; application de la Photographie.* Ouvrage destiné aux peintres, décorateurs, photographes et artistes. In-18 jésus; 1885. 1 fr. 75 c.

Godard (E.). — *Procédés photographiques pour l'application directe sur la porcelaine avec couleurs vitrifiables de dessins, photographies, etc.* In-18 jésus; 1888. 1 fr.

Guerronnan (Anthony). — *Dictionnaire synonymique français, allemand, anglais, italien et latin des mots techniques et scientifiques employés en Photographie.* Grand in-8; 1895. 5 fr.

Guillaume (Ch.-Ed.), Docteur ès Sciences, Adjoint au Bureau international des Poids et Mesures. — *Les Rayons X et la Photographie à travers les corps opaques.* 2e édition. Un volume in-8 de VIII-150 pages, avec 22 figures et 8 planches; 1897. 3 fr.

Hannot (le Capitaine), Chef du service de la Photographie à l'Institut cartographique militaire de Belgique. — *Exposé complet du procédé photographique à l'émulsion de* WARNERCKE, lauréat du Concours international pour le meilleur procédé au collodion sec rapide, institué par l'Association belge de Photographie. In-18 jésus; 1880. 1 fr. 50 c.

Horsley-Hinton. — *L'Art photographique dans le paysage.* Etude et pratique. Traduit de l'anglais par H. COLARD. Grand in-8, avec 11 planches; 1894. 3 fr.

Houdaille (le Capitaine). — *Sur une méthode d'essai scientifique et pratique des objectifs photographiques et des instruments d'optique* (Mémoires du Laboratoire d'essais de la Société française de Photographie). Grand in-8, avec figures et 1 planche en photocollographie; 1894. 2 fr. 50 c.

Huberson. — *Formulaire pratique de la Photographie aux sels d'argent.* In-18 jésus ; 1878. 1 fr. 50 c.

Huberson. — *Précis de Microphotographie.* In-18 jésus, avec figures et une planche en photogravure ; 1879. 2 fr.

Jardin (Georges). — *Recettes et conseils inédits à l'amateur photographe.* In-18 jésus ; 1893. 1 fr. 25 c.

Joly (le Commandant). — *La Photographie pratique.* Manuel à l'usage des officiers, des explorateurs et des touristes. In-18 jésus ; 1887. 1 fr. 50 c.

Karl (van). — *La Miniature photographique.* Procédé supprimant le ponçage, le collage, le transparent, les verres bombés et tout le matériel ordinaire de la Photominiature, donnant sans aucune connaissance de la peinture les miniatures les plus artistiques. In-18 jésus ; 1894. 75 c.

Klary, Artiste photographe. — *Traité pratique d'impression photographique sur papier albuminé.* In-18 j., av. fig. ; 1888. 3 fr. 50 c.

Klary. — *L'Art de retoucher en noir les épreuves positives sur papier.* 2ᵉ édition. In-18 jésus ; 1891. 1 fr.

Klary. — *L'Art de retoucher les négatifs photographiques.* 4ᵉ tirage. In-18 jésus, avec figures ; 1897. 2 fr.

Klary. — *Traité pratique de la peinture des épreuves photographiques,* avec les couleurs à l'aquarelle et les couleurs à l'huile, suivi de *différents procédés de peinture appliqués aux photographies.* In-18 jésus ; 1888. 3 fr. 50 c.

Klary. — *L'éclairage des portraits photographiques.* Emploi d'un écran de tête, mobile et coloré. 7ᵉ édition, revue et considérablement augmentée, par HENRY GAUTHIER-VILLARS. In-18 jésus, avec figures ; 1893. 1 fr. 75 c.

Klary. — *Les Portraits au crayon, au fusain et au pastel obtenus au moyen des agrandissements photographiques.* In-18 jésus ; 1889. 2 fr. 50 c.

Koehler (Dʳ R.), Docteur ès Sciences, Docteur en Médecine, chargé d'un cours complémentaire de Zoologie à la Faculté des Sciences de Lyon. — *Applications de la Photographie aux Sciences naturelles.* Petit in-8, avec figures ; 1893.
Broché........ 2 fr. 50 c. | Cartonné toile anglaise. 3 fr.

La Baume Pluvinel (A. de). — *Le développement de l'image latente* (Photographie au gélatinobromure d'argent). In-18 jésus ; 1889. 2 fr. 50 c.

La Baume Pluvinel (A. de). — *Le Temps de pose* (Photographie au gélatinobromure d'argent). In-18 jésus, avec figures ; 1890. 2 fr. 75 c.

La Baume Pluvinel (A. de). — *La formation des images photographiques* (Photographie au gélatinobromure d'argent). In-18 jésus, avec figures ; 1891. 2 fr. 75 c.

La Baume Pluvinel (A. de). — *La Théorie des procédés photographiques.* Petit in-8 ; 1895.
Broché........ 2 fr. 50 c. | Cartonné........... 3 fr.

Le Bon (Dʳ Gustave). — *Les Levers photographiques et la Photographie en voyage.* 2 vol. in-18 jésus, avec figures ; 1889. 5 fr.
On vend séparément :
Iʳᵉ PARTIE : Application de la Photographie aux levers de monuments et à la Topographie. 2 fr. 75 c.
IIᵉ PARTIE : Opérations complémentaires des levers photographiques. 2 fr. 75 c.

Liesegang (Paul). — *Notes photographiques.* Le procédé au charbon. Système d'impression inaltérable. 4ᵉ édition. Petit in-8, avec figures ; 1886. 2 fr.

Liesegang (R.-E.). — *Chimie photographique à l'usage des débutants.* Ouvrage traduit de l'allemand et annoté par le Professeur J. MAUPEIRAL. In-18 jésus, avec figures ; 1898. 3 fr. 50 c.

Liesegang (R.-Ed.). — *Le développement des papiers photographiques à noircissement direct.* Traduit de l'allemand par V. HASSREIDTER, Membre de l'Association belge de Photographie. In-18 jésus ; 1898. 1 fr. 75 c.

Londe (A.), Officier de l'Instruction publique, Membre de la Société française de Photographie, Directeur du service photographique à la Salpêtrière. — *La Photographie moderne.* Traité pratique de la Photographie et de ses applications à l'Industrie et à la Science. 2ᵉ édition complètement refondue et considérablement augmentée. Grand in-8, avec 346 figures et 5 planches ; 1896. Cartonné toile anglaise. 15 fr.

Londe (A.). — *La Photographie instantanée, théorie et pratique.* 3ᵉ édition, entièrement refondue. In-18 jésus, avec belles figures ; 1897. 2 fr. 75 c.

Londe (A.). — *La Photographie dans les Arts, les Sciences et l'Industrie.* In-18 jésus, avec 2 spécimens ; 1888. 1 fr. 50 c.

Londe (A.). — *Traité pratique du développement.* Étude raisonnée des divers révélateurs et de leur mode d'emploi. 3ᵉ édition, entièrement refondue. In-18 jésus, avec fig. ; 1898. 2 fr. 75 c.

Londe (A.). — *La Photographie médicale. Application aux Sciences médicales et physiologiques.* Grand in-8, avec 80 figures et 19 planches ; 1893. 9 fr.

Lumière (Auguste et Louis). — *Les Développateurs organiques en Photographie et le Paramidophénol.* In-18 jésus ; 1893. 1 fr. 75 c.

Marco Mendoza, Membre de la Société française de Photographie. — *La Photographie la nuit.* Traité pratique des opérations photographiques que l'on peut faire à la lumière artificielle. In-18 jésus, avec figures ; 1893. 1 fr. 25 c.

Martens (J.). — *Traité élémentaire de Photographie,* contenant les procédés au collodion humide et au gélatinobromure d'argent, le tirage des épreuves positives aux sels d'argent, le tirage des épreuves positives au charbon. In-18 jésus ; 1887. 1 fr. 50 c.

Martin (Ad.), Docteur ès Sciences. — *Détermination des courbures de l'objectif grand-angulaire pour vues,* couronné par la Société française de Photographie (Concours de 1892). Grand in-8, avec figures ; 1892. 1 fr. 25 c.

Martin (Ad.). — *Méthode directe pour la détermination des courbures des objectifs de Photographie.* Grand in-8, avec figures ; 1894. 2 fr.

Maskell (Alfred) et Demachy (Robert). — *Le Procédé à la gomme bichromatée ou Photo-aquateinte.* Traduit de l'anglais par C. DEVANLAY. In-18 jésus, avec figures ; 1898. 1 fr. 75 c.

Masselin (Amédée), Ingénieur. — *Traité pratique de Photographie appliquée au dessin industriel,* à l'usage des Écoles, des amateurs, ingénieurs, architectes et constructeurs. Photographie optique. Photographie chimique. Procédé au collodion humide. Pose et éclairage pour le portrait. Gélatinobromure. Platinotypie. Photographie instantanée. Photominiature. Reproduction des dessins sur papier au ferro-prussiate. 2ᵉ édition. In-18 jésus, avec figures ; 1890. 1 fr. 50 c.

Mercier (P.), Chimiste, Lauréat de l'École Supérieure de Pharmacie de Paris. — *Virages et fixages.* Traité historique, théorique et pratique. 2 vol. in-18 jésus ; 1892. 5 fr.

On vend séparément :

Iʳᵉ PARTIE : *Notice historique. Virages aux sels d'or.* 2 fr. 75 c.
IIᵉ PARTIE : *Virages aux divers métaux. Fixages.* 2 fr. 75 c.

Miethe (le Dʳ Ad.), Membre d'honneur de la Société photographique de la Grande-Bretagne. — *Optique photographique*, sans développements mathématiques, a l'usage des photographes et des amateurs. Traduit de l'allemand par NOAILLON et HASSREIDTER. Grand in-8, avec 72 figures ; 1896. 3 fr. 50 c.

Moëssard (le Lieutenant-Colonel P.). — *L'Optique photographique.* (Enseignement supérieur de la Photographie. Cours professé a la Société française de Photographie). Grand in-8, avec 149 figures ; 1898. 4 fr.

Moëssard (le Commandant P.). — *Le Cylindrographe, appareil panoramique.* 2 volumes in-18 jésus, avec figures, contenant chacun une grande planche phototypique ; 1889. 3 fr.

On vend séparément :

Iʳᵉ PARTIE : *Le Cylindrographe photographique.* Chambre universelle pour portraits, groupes, paysages et panoramas. 1 fr. 75 c.
IIᵉ PARTIE : *Le Cylindrographe topographique.* Application nouvelle de la Photographie aux levers topographiques. 1 fr. 75 c.

Moëssard (le Commandant P.). — *Étude des lentilles et objectifs photographiques.* (*Étude expérimentale complète d'une lentille ou d'un objectif photographique au moyen de l'appareil dit « le Tourniquet »*). In-18 jésus, avec figures et une grande planche (feuille analytique) ; 1889. 1 fr. 75 c.
La *feuille analytique* seule. 0 fr. 25 c.

Monet (A.-L.). — *Procédés de reproductions graphiques appliqués à l'Imprimerie.* Grand in-8, avec 103 figures et 13 planches hors texte, dont 9 en couleurs ; 1889. 10 fr.

Moniteur de la Photographie (Le). *Revue internationale et universelle des progrès de la Photographie et des Arts qui s'y rattachent.* ORGANE DE LA SOCIÉTÉ D'ÉTUDES PHOTOGRAPHIQUES. (Fondé en 1861 et publié jusqu'en 1879 par ERNEST LACAN.) Directeur : LÉON VIDAL. **2ᵉ Série.** Gr. in-8 illustré. Bi-mensuel. La **2ᵉ Série** (gr. in-8) paraît deux fois par mois depuis 1894.

Paris..................	Un an, 15 fr. — Six mois,	8 fr.
Départements	Un an, 17 fr. — Six mois,	9 fr.
Etranger..............	Un an, 19 fr. — Six mois,	10 fr.

Moock (L.). — *Traité pratique d'impression photographique aux encres grasses, de phototypographie et de photogravure.* 3ᵉ édition, entièrement refondue par GEYMET. In-18 jésus ; 1888. 3 fr.

Mullin (A.). Professeur de Physique au Lycée de Grenoble, Officier de l'Instruction publique. — *Instructions pratiques pour produire des épreuves irréprochables au point de vue technique et artistique.* In-18 jésus, avec fig. ; 1895. 2 fr. 75 c.

Niewenglowski (G.-H.). — *Le Matériel de l'amateur photographe.* Choix. Essai. Entretien. In-18 jésus ; 1894. 1 fr. 75 c.

Niewenglowski (G.-H.). — *Applications scientifiques de la Photographie.* Petit in-8, avec figures ; 1895.
Broché........ 2 fr. 50 c. | Cartonné.......... 3 fr.

Note Book, édité par l'*Association belge de Photographie*. Petit in-8 cartonné ; 1888. 1 fr. 25 c.

Odagir (H.). — *Le Procédé au gélatinobromure,* suivi d'une Note de MILSOM sur les clichés portatifs et de la traduction des Notices de KENNETT et du Rév. G. PALMER. In-18 jésus, avec figures. 3ᵉ tirage ; 1885. 1 fr. 50 c.

Ogonowski (le comte E.). — *La Photochromie.* Tirage d'épreuves photographiques en couleurs. In-18 jésus ; 1891. 1 fr.

O'Madden (le Chevalier C.). — *Le Photographe en voyage.* Emploi du gélatinobromure. — Installation en voyage. Bagage photographique. Nouvelle édition, revue et augmentée. In-18 jésus ; 1890. 1 fr.

Panajou, Chef du Service photographique à la Faculté de Médecine de Bordeaux. — *Manuel du photographe amateur.* 2ᵉ édit., entièrement refondue. Petit in-8, avec fig. ; 1892. 2 fr. 50 c.

Panajou. — *Manuel abrégé de Photographie à l'usage des débutants.* Petit in-8 ; 1898. 0 fr. 40 c.

Pélegry, Peintre amateur, Membre de la Société photographique de Toulouse. — *La Photographie des peintres, des voyageurs et des touristes. Nouveau procédé sur papier huilé,* simplifiant le bagage et facilitant toutes les opérations, avec indication de la manière de construire soi-même les instruments nécessaires. 2ᵉ édition. In-18 jésus, avec un spécimen ; 1885. 1 fr. 75 c.

Peligot (Maurice), Ingénieur Chimiste. — *Traitement des résidus photographiques.* In-18 jésus, avec fig. ; 1891. 1 fr. 25 c.

Perrot de Chaumeux (L.). — *Premières Leçons de Photographie.* 4ᵉ édition, revue et augmentée. In-18 jésus, avec figures ; 1882. 1 fr. 50 c.

Pierre Petit (Fils). — *La Photographie artistique. Paysages Architecture, Groupes et Animaux.* In-18 jésus ; 1883. 1 fr. 25 c.

Pierre Petit (Fils). — *La Photographie industrielle.* Vitraux et émaux. Positifs microscopiques. Projections. Agrandissements. Linographie. Photographie des infiniment petits. Imitations de la nacre, de l'ivoire, de l'écaille. Editions photographiques. Photographie à la lumière électrique, etc. In-18 jésus ; 1883. 2 fr. 25 c.

Piquepé (P.). — *Traité pratique de la Retouche des clichés photographiques,* suivi d'une *Méthode très détaillée d'émaillage* et de *Formules et Procédés divers.* 3ᵉ tirage. In-18 jésus, avec deux photocollographies ; 1890. 4 fr. 50 c.

Pizzighelli et Hübl. — *La Platinotypie. Exposé théorique et pratique d'un procédé photographique aux sels de platine,* permettant d'obtenir rapidement des épreuves inaltérables. Traduit de l'allemand par HENRY GAUTHIER-VILLARS. 2ᵉ édition, revue et augmentée. In-8, avec figures et platinotypie spécimen ; 1887.

  Broché...... 3 fr. 50 c. | Cartonné avec luxe. 4 fr. 50 c.

Poitevin (A.). — *Traité des impressions photographiques,* suivi d'Appendices relatifs aux procédés usuels de *Photographie négative et positive sur gélatine, d'héliogravure, d'hélioplastie, de photolithographie, de phototypie, de tirage au charbon, d'impressions aux sels de fer,* etc. ; par LÉON VIDAL. In-18 jésus, avec un portrait de Poitevin. 2ᵉ édition, entièrement revue et complétée ; 1883. 4 fr.

Porro. — *Sur le perfectionnement pratique des appareils optiques pour l'Astronomie et la Photographie.* In-8 ; 1858. 3 fr.

Puyo (C.). — *Notes sur la Photographie artistique. Texte et illustrations.* Plaquette de grand luxe, in-4ᵉ raisin, contenant 11 héliogravures de DUJARDIN et 39 phototypogravures dans le texte ; 1896. 10 fr.

  Il reste quelques exemplaires numérotés sur japon avec planches également sur japon. 20 fr.

  Une planche spécimen est envoyée franco sur demande.

Radau (R.). — *Actinométrie.* In-18 jésus; 1877.　　　　2 fr.

Radau (R.). — *La Photographie et ses applications scientifiques.* In-18 jésus; 1878.　　　　1 fr. 75 c.

Rayet (G.), Directeur de l'Observatoire de Bordeaux. — *Notes sur l'histoire de la Photographie astronomique.* Gr.in-8; 1887. Nr.

Reeb (H.), Pharmacien de 1re classe. — *Étude sur l'hydroquinone.* Son application en Photographie comme révélateur. Grand in-8; 1890.　　　　75 c.

Robinson (H.-P.). — *La Photographie en plein air. Comment le photographe devient un artiste.* Traduit de l'anglais par HECTOR COLARD. 2e édition. 2 volumes grand in-8; 1889.　　5 fr.

On vend séparément :

　Ire PARTIE : Des plaques à la gélatine. — Nos outils. — De la composition. — De l'ombre et de la lumière. — A la campagne. — Ce qu'il faut photographier. — Des modèles. — De la genèse d'un tableau. — De l'origine des idées. Avec figures et 2 planches photocollographiques.　　2 fr. 75 c.

　IIe PARTIE : Des sujets. — Qu'est-ce qu'un paysage? — Des figures dans le paysage. — Un effet de lumière. — Le Soleil. — Sur terre et sur mer. — Le ciel. — Les animaux. — Vieux habits! — Du portrait fait en dehors de l'atelier. — Points forts et points faibles d'un tableau. — Conclusion. Avec figures et 2 planches photocollographiques.　　2 fr. 50 c.

Rodrigues (J.-J.), Chef de la Section photographique du Gouvernement portugais. — *Procédés photographiques et méthodes diverses d'impressions aux encres grasses* employés à la Section photographique et artistique. Grand in-8; 1879.　　2 fr. 50 c.

Rouillé-Ladevéze, Membre de la Société photographique de Touraine, Membre correspondant du Photo-Club de Paris. — *Sépia-Photo et Sanguine-Photo.* In-18 jésus; 1894.　　75 c.

Roux (V.), Opérateur au Ministère de la Guerre. — *Traité pratique de la transformation des négatifs en positifs* servant à l'héliogravure et aux agrandissements. Nouveau tirage. In-18 jésus; 1897.　　　　1 fr.

Roux (V.). — *Manuel opératoire pour l'emploi du procédé au gélatinobromure d'argent.* Revu et annoté par STÉPHANE GEOFFRAY. 2e édition, augmentée de nouvelles Notes. In-18 jésus; 1885.　　　　1 fr. 75 c.

Roux (V.). — *Traité pratique de Zincographie.* Photogravure, Autogravure, Reports, etc. 2e édition, entièrement refondue par l'abbé J. FERRET. In-18 jésus; 1891.　　1 fr. 25 c.

Roux (V.). — *Traité pratique de gravure héliographique en taille-douce, sur cuivre, bronze, zinc, acier, et de galvanoplastie.* In-18 jésus; 1886.　　　　1 fr. 25 c.

Roux (V.). — *Manuel de Photographie et de Calcographie,* à l'usage de MM. les graveurs sur bois, sur métaux, sur pierre et sur verre. (Transports pelliculaires divers. Reports autographiques et reports calcographiques. Réductions et agrandissements. Nielles.) In-18 jésus; 1886.　　1 fr. 25 c.

Roux (V.). — *Traité pratique de Photographie décorative appliquée aux arts industriels.* (Photocéramique et lithocéramique. Vitrification. Emaux divers. Photoplastie. Photogravure en creux et en relief. Orfévrerie. Bijouterie. Meubles. Armurerie. Epreuves directes et reports polychromiques.) In-18 jésus; 1887.　　　　1 fr. 25 c.

Roux (V.). — *Formulaire pratique de Phototypie*, à l'usage de MM. les préparateurs et imprimeurs des procédés aux encres grasses. In-18 jésus; 1887. 1 fr.

Roux (V.). — *Photographie isochromatique*. Nouveaux procédés pour la reproduction des tableaux, aquarelles, etc. In-18 jésus; 1887. 1 fr. 25 c.

Russel (C.). — *Le Procédé au tannin*, traduit de l'anglais par M. Aimé Girard. 2e édition, entièrement refondue. In-18 jésus, avec figures; 1864. 2 fr. 50 c.

Sauvel (Ed.), Avocat au Conseil d'État et à la Cour de cassation. — *Des œuvres photographiques et de la protection légale à laquelle elles ont droit*. In-18 jésus; 1880. 1 fr. 50 c.

Sauvel (Éd.). — *De la propriété artistique en Photographie*, spécialement en matière de portraits. In-18 jésus; 1897. 2 fr. 75 c.

Schaeffner (Ant.). — *La Photogravure en creux et en relief simplifiée*. Procédé nouveau mis à la portée de MM. les amateurs et praticiens en taille-douce et en typographie. Augmenté d'un procédé nouveau pour la reproduction en typographie des demi-teintes. Petit in-8, avec 14 fig.; 1891. 2 fr.

Schaeffner (Ant.). — *La Photominiature*. Instructions pratiques. Petit in-8; 1890. 1 fr.

Schaeffner (Ant.). — *La Fotominiatura*. Instrucciones practicas. Traducido por L.-C. Pin. Petit in-8; 1891. 1 fr. 50 c.

Simons (A.). — *Traité pratique de Photo-miniature, Photo-peinture et Photo-aquarelle*. 2e édition. In-18 jésus; 1892. 1 fr. 25 c.

Soret (A.), Professeur de Physique au Lycée du Havre. — *Optique photographique*. Notions nécessaires aux photographes amateurs. Etude de l'objectif. Applications. In-18 jésus, avec 72 figures; 1891. 3 fr.

Tissandier (Gaston). — *La Photographie en ballon*, avec une épreuve photoglyptique du cliché obtenu à 600m au-dessus de l'île Saint-Louis, à Paris. In-8, avec figures; 1886. 2 fr. 25 c.

Tranchant (L.), Rédacteur en chef de *la Photographie*. — *La Linotypie ou Art de décorer photographiquement les étoffes pour faire des écrans, des éventails, des paravents, etc., menus photographiques*. In-18 jésus; 1896. 1 fr. 25 c.

Trutat (E.), Directeur du Musée d'Histoire naturelle de Toulouse, Président de la section des Pyrénées Centrales du Club Alpin français, Président honoraire de la Société photographique de Toulouse. — *Les Epreuves positives sur papiers émulsionnés*. Papiers chlorurés. Papiers bromurés. Fabrication. Tirage et développement. Virages. Formules diverses. In-18 jésus; 1896. 2 fr.

Trutat (E.). — *La Photographie en montagne*. In-18 jésus, avec 28 figures et 1 planche; 1894. 2 fr. 75 c.

Trutat (E.). — *La Photographie appliquée à l'Archéologie*; Reproduction des Monuments, Œuvres d'art, Mobilier, Inscriptions, Manuscrits. In-18 jésus, avec 2 photolithographies; 1892. 1 fr. 50 c.

Trutat (E.). — *La Photographie appliquée à l'Histoire naturelle*. In-18 jésus, avec 58 belles figures et 5 planches spécimens en photocollographie, d'Anthropologie, d'Anatomie, de Conchyliologie, de Botanique et de Géologie; 1892. 2 fr. 50 c.

Trutat (E.). — *Traité pratique de Photographie sur papier négatif par l'emploi de couches de gélatinobromure d'argent étendues sur papier*. In-18 jésus, avec figures et 2 planches spécimens; 1892. 1 fr. 50 c.

Trutat (E.). — *Traité pratique des agrandissements photographiques.* 2 vol. in-18 jésus, avec 112 figures.   5 fr.

On vend séparément :

Iʳᵉ PARTIE : Obtention des petits clichés ; avec 52 figures ; 1891.
          2 fr. 75 c.

IIᵉ PARTIE : Agrandissements. 2ᵉ édition, revue et augmentée ;
avec 60 figures ; 1897.   2 fr. 75 c.

Trutat (E.). — *Impressions photographiques aux encres grasses.*
Traité pratique de Photocollographie à l'usage des amateurs.
In-18 jésus, avec nombreuses figures et 1 planche en photocollographie ; 1892.   2 fr. 75 c.

Verfasser (Julius). — *La Phototypogravure à demi-teintes.*
Manuel pratique des procédés de demi-teintes, sur zinc et sur
cuivre. Traduit de l'anglais par M. E. COUSIN, Secrétaire-agent
de la Société française de Photographie. In-18 jésus, avec
56 figures et 3 planches ; 1895.   3 fr.

Viallanes (H.), Docteur ès Sciences et Docteur en Médecine.
— *Microphotographie. La Photographie appliquée aux études
d'Anatomie microscopique.* In-18 jésus, avec figures et une
planche phototypique ; 1886.   2 fr.

Vidal (Léon), Officier de l'Instruction publique, Professeur à
l'Ecole nationale des Arts décoratifs. — *Photographie des couleurs.* Sélection photographique des couleurs primaires. Son
application à l'exécution de clichés et de tirages propres à la
production d'images polychromes à trois couleurs. In-18 jésus,
avec figures et 5 planches en couleurs ; 1897.   2 fr. 75 c.

Vidal (Léon). — *Traité pratique de Photolithographie.* Photolithographie directe et par voie de transfert. Phptozincographie.
Photocollographie. Autographie. Photographie sur bois et sur
métal à graver. Tours de main et formules diverses. In-18 jésus,
avec 25 figures, 2 planches et spécimens de papiers autographiques ; 1893.   6 fr. 50 c.

Vidal (Léon). — *Traité pratique de Phototypie, ou Impression
à l'encre grasse sur couche de gélatine.* In-18 jésus, avec belles
figures sur bois et spécimens ; 1879.   8 fr.

Vidal (Léon). — *Traité pratique de Photoglyptie,* avec et sans
presse hydraulique. In-18 jésus, avec 2 planches photoglyptiques et nombreuses figures ; 1881.   7 fr.

Vidal (Léon). — *La Photographie appliquée aux arts industriels de reproduction.* In-18 jés., avec figures ; 1880. 1 fr. 50 c.

Vidal (Léon). — *Manuel du touriste photographe.* 2 volumes
in-18 jésus, avec nombreuses figures. Nouvelle édition, revue
et augmentée ; 1889.   10 fr.

On vend séparément :

Iʳᵉ PARTIE : Couches sensibles négatives. — Objectifs. —
Appareils portatifs. — Obturateurs rapides. — Pose et
Photométrie. — Développement et fixage. — Renforçateurs
et réducteurs. — Vernissage et retouche des négatifs. 6 fr.

IIᵉ PARTIE : Impressions positives aux sels d'argent et de platine. — Retouche et montage des épreuves. — Photographie
instantanée. — Appendice indiquant les derniers perfectionnements. — Devis de la première dépense à faire pour
l'achat d'un matériel photographique de campagne et prix
courant des produits.   4 fr.

Vidal (Léon). — *La Photographie des débutants.* Procédé négaif et positif. 2ᵉ édition. In-18 jésus, avec fig. ; 1890. 2 fr. 75 c.

Vidal (**Léon**). — *Calcul des temps de pose et Tables photométriques* pour l'appréciation des temps de pose nécessaires à l'impression des épreuves négatives à la chambre noire, en raison de l'intensité de la lumière, de la distance focale, de la sensibilité des produits, du diamètre du diaphragme et du pouvoir réducteur moyen des objets à reproduire. 2ᵉ édition. In-18 jésus, avec Tables ; 1884.

Broché......... 2 fr. 50 c. | Cartonné ..... 3 fr. 50 c.

Vidal (**Léon**). — *Photomètre négatif*, avec une Instruction. Renfermé dans un étui cartonné. 5 fr.

Vidal (**Léon**). — *Manuel pratique d'Orthochromatisme*. In-18 jésus, avec figures et 2 planches dont une en photocollographie et un spectre en couleur ; 1891. 2 fr. 75 c.

Vidal (**Léon**), Rapporteur de la classe XII. — *La Photographie à l'Exposition universelle de 1889*. Procédés négatifs et positifs. Impressions photochimiques et photomécaniques. Appareils. Produits. Applications nouvelles. Grand in-8 ; 1891. 2 fr.

Vieuille (**G.**). — *Nouveau guide pratique du photographe amateur*. 3ᵉ édit., entièrement refondue et beaucoup augmentée. In-18 jésus, avec figures ; 1892. 2 fr. 75 c.

Villon (**A.-M.**), Ingʳ-Chimiste, Professeur de Technologie. — *Traité pratique de Photogravure sur verre*. In-18 j. ; 1890. 1 fr.

Villon (**A.-M.**). — *Traité pratique de Photogravure au mercure ou Mercurographie*. In-18 jésus ; 1891. 1 fr.

Vogel. — *La Photographie des objets colorés avec leurs valeurs réelles*. Traduit de l'allemand par Henry Gauthier-Villars. Petit in-8, avec figures et 2 planches ; 1887.

Broché........·..... 6 fr. | Cartonné avec luxe ...... 7 fr.

Wallon (**E.**). Professeur de Physique au Lycée Janson de Sailly. — *Traité élémentaire de l'objectif photographique*. Grand in-8, avec 135 figures ; 1891. 7 fr. 50 c.

Wallon (**E.**). — *Choix et usage des objectifs photographiques*. Petit in-8, avec 25 figures ; 1893.

Broché........ 2 fr. 50 c. | Cartonné toile anglaise 3 fr.

(*Décembre 1897*.)

Ouvrages sous presse :

Horsley-Hinton. — *La Platinotypie*.

Moëssard (**P.**). — *Les Objectifs*. (Enseignement supérieur de la Photographie. Cours professé à la Société française de Photographie). Grand in-8, avec figures.

Robinson. — *Les Éléments d'une Photographie artistique*. Traduit de l'anglais par H. Colard. Grand in-8, avec figures.

Vidal (**Léon**). — *Traité pratique de Photogravure en relief et en creux*. In-18 jésus, avec figures.

Vidal (**Léon**). — *La Photolithographie, la Photogravure et leurs applications aux impressions monochromes et polychromes*. (Enseignement supérieur de la Photographie. Cours professé à la Société française de Photographie). Grand in-8.

6139 B. — Paris, Imp. Gauthier-Villars et fils, 55, quai des Gr.-Augustins.

LIBRAIRIE GAUTHIER-VILLARS ET FILS
Quai des Grands-Augustins, 55. — Paris

Envoi franco contre mandat-poste ou valeur sur Paris

Chable (E.), Président du Photo-Club de Neuchâtel. — *Les Travaux de l'Amateur photographe en hiver.* 2ᵉ édition, revue et augmentée. In-18 jésus, avec 16 figures ; 1892. 3 fr.

Courrèges (A.), Praticien. — *Ce qu'il faut savoir pour réussir en Photographie.* 2ᵉ édition, revue et augmentée. Petit in-8, avec 1 planche en photocollographie, 1896. 2 fr. 50 c.

Ferret (l'abbé J.). — *La Photogravure facile et à bon marché.* 2ᵉ tirage. In-18 jésus ; 1897. 1 fr. 25 c.

Ferret (l'abbé J.). — *La Photogravure sans Photographie.* In-18 jésus ; 1894. 1 fr. 25 c.

Liesegang (R.-Ed.). — *Chimie photographique à l'usage des débutants.* Ouvrage traduit de l'allemand et annoté par le Professeur J. MAUPEIRAL. In-18 jésus ; 1898. 3 fr. 50.

Liesegang (R.-Ed.). — *Le développement des papiers photographiques à noircissement direct.* Traduit de l'allemand par V. HASBRIDTER, Membre de l'Association belge de Photographie. In-18 jésus ; 1898. 1 fr. 75.

Londe (A.). — *La Photographie instantanée. Théorie et pratique.* 3ᵉ édition, entièrement refondue. In-18 jésus, avec belles figures ; 1897. 2 fr. 75 c.

Londe (A.). — *Traité pratique du développement. Étude raisonnée des divers révélateurs et de leur mode d'emploi.* 3ᵉ édition, entièrement refondue. In-18 jésus, avec figures ; 1898. 2 fr. 75 c.

Mercier (P.), Chimiste, Lauréat de l'École Supérieure de Pharmacie de Paris. — *Virages et fixages. Traité historique, théorique et pratique.* 2 vol. in-18 jésus ; 1892. 5 fr.
On vend séparément :
Iʳᵉ PARTIE : *Notice historique. Virages aux sels d'or.* 2 fr. 75 c.
IIᵉ PARTIE : *Virages aux divers métaux. Fixages.* 2 fr. 75 c.

Panajou, Chef du Service photographique à la Faculté de Médecine de Bordeaux. — *Manuel du photographe amateur.* 2ᵉ édition, entièrement refondue. Petit in-8, avec figures ; 1892. 2 fr. 50 c.

Panajou. — *Manuel abrégé de Photographie à l'usage des débutants.* Petit in-8 ; 1898. 0 fr. 40 c.

Piquepé (P.). — *Traité pratique de la Retouche des clichés photographiques*, suivi d'une *Méthode très détaillée d'émaillage et de Formules et Procédés divers.* 3ᵉ tirage. In-18 jésus, avec deux photocollographies ; 1890. 4 fr. 50 c.

Trutat (E.). — *La Photographie en montagne.* In-18 jésus, avec 28 figures et 1 planche ; 1894. 2 fr. 75 c.

Trutat (E.). — *La Photographie appliquée à l'Archéologie. Reproduction des Monuments, OEuvres d'art, Mobilier, Inscriptions, Manuscrits.* In-18 jésus, avec 2 photolithographies ; 1892. 4 fr. 50 c.